Peter Fässler-Weibel (Hrsg.)

Sterbende verstehen lernen

PETER FÄSSLER-WEIBEL
HERAUSGEBER

STERBENDE VERSTEHEN LERNEN

PAULUSVERLAG FREIBURG SCHWEIZ
VERLAG ZUM ZIEL WINTERTHUR

Die Deutsche Bibliothek - CIP-Einheitsaufnahme

Sterbende verstehen lernen/ Peter Fässler-Weibel (Hrsg.). -
Freiburg, Schweiz: Paulusverl.;
Winterthur: Verl. Zum Ziel, 1997
ISBN 3-7228-0413-2 (Paulusverl.)
ISBN 3-909245-13-7 (Verl. Zum Ziel)

Umschlaggestaltung: Peter Kunz, Zürich
Titelbild: "Leben", Öl auf Leinwand,
gespachtelt, 1979, Peter Fässler-Weibel
ISBN 3-7228-0413-2 (Paulusverlag)
ISBN 3-909245-13-7 (Verlag zum Ziel)

INHALTSVERZEICHNIS

VORWORT UND DANK

In meiner bisherigen Erfahrung in der Begleitung von sterbenden Mitmenschen habe ich immer wieder versucht, sie auf diesem wohl schwierigsten Weg ihres Lebens verstehen zu lernen. Anfänglich blieb es bei diesem Versuch und oft spürte ich, wie dieses Verstehen-Lernen unerhört anspruchsvoll ist. Häufig stand ich mit offenen Augen und meist ratlosen Blicken am Bett eines Patienten und erlebte seine Ohnmacht und Hilflosigkeit, jene der Angehörigen und des Pflegepersonals. Hinzu kam, dass in vielen Fällen die medikamentöse Schmerztherapie ungenügend war und Patienten mit unsagbarem Schmerz die letzten Tage ihres Lebens verbrachten.

Eine weitere Beobachtung, die mich beschäftigte, war, dass viele Angehörige rund um das Patientenbett buchstäblich (und meistens in grosser Trauer) auf den Tod des Patienten warteten. Wertvolle Momente der Begegnung wurden verpasst, meistens in Unkenntnis dessen, was in solchen Tagen oder Stunden an Beziehungen zwischen Patient und Angehörigen noch hätte gelebt werden können oder vielleicht sogar hätte gelebt werden müssen.

Im Verlaufe der Zeit begann ich zu begreifen, dass diese Momente des Lebens von grösster Bedeutung und Wichtigkeit sind. Ich begann, Angehörige zu animieren, die verbleibende Zeit konstruktiv zu nutzen. Von den Patienten lernte ich, das Bedürfnis nach Bereinigung von Ungeklärtem ernst zu nehmen. Mit den involvierten Fachpersonen suchte ich den Dialog, um gemeinsam neue Wege der Begegnung zu beschreiten.

Als ich neulich auf die Intensivpflegestation gerufen wurde, traf ich ein entsetzliches Bild von Leid und Elend an. Eine junge Frau lag entkräftet im Bett, umgeben von ebenso entkräfteten Angehörigen. Die vernichtende Diagnose zeigte die Chancenlosigkeit des Überlebens. Im zweiten Gespräch mit der Patientin erklärte ich ihr offen und ehrlich, dass ich nicht gekommen sei, um hier an ihrem Bett stehend auf ihren nahenden Tod zu warten. Vielmehr wolle ich mit ihr und den Angehörigen zusammen noch die verbleibenden Tage oder Wochen leben. Sowohl die Patientin wie auch die Angehörigen reagierten positiv. Die fünf Wochen bis zu ihrem Tod verbrachte sie denn auch lebend - eine Zeit, an die sich die Angehörigen sehr gerne zurückerinnern.

In der langen und guten Zusammenarbeit zwischen Ärzten, Pflegepersonal und mir entwikkelte sich eine interdisziplinäre Form der Zusammenarbeit, die letztlich dem Patienten zugute kam. Ein wesentlicher Teil dieser Zusammenarbeit ist denn auch der Frage nach dem *Verstehen-Lernen* von dem gewidmet, was in keinem Fall gleich und für alle Betroffenen unterschiedlich ist und letztendlich in der wirklichen Tragweite wohl kaum je verstanden werden kann. Trotzdem ist es unsere Aufgabe, den Patienten und seine Angehörigen so weit wie möglich verstehen zu lernen. Mit diesem Thema haben sich Fachleute an einer gleichnamigen Tagung auseinandergesetzt. Ihre Beiträge finden sich in diesem Buch wieder. Sie sollen Grundlagen zur eigenen Beobachtung bilden in der Hoffnung, dass daraus intensivere Begegnungen wachsen können.

Ich möchte den Referentinnen und Referenten für ihre Beiträge herzlich danken. Die offene und ehrliche Sprache animiert zum Nachdenken. Danken möchte ich auch all jenen, die aktiv zum Gelingen sowohl der Tagung wie auch dieses Buches beigetragen haben:

- den Lektoren Frau Nora Haberthür und Herrn Hans Thomas für die beschwerliche Lesearbeit (nach altem Duden!);
- meiner Sekretärin und Praxishilfe Frau Petra Eigenmann für die speditive Verarbeitung der Manuskripte;
- dem Stiftungsrat der Stiftung "Begleitung in Leid und Trauer", Winterthur, für die Bereitschaft, diese vierte interdisziplinäre Tagung tatkräftig zu unterstützen.

Ich wünsche diesem Buch, dass es mit seinen Anregungen Grundlagen zu weitergehenden Diskussionen liefert und animiert, mutig, offen und ehrlich mit Sterbenden und deren Angehörigen umzugehen.

Winterthur, Mai 1997 *Peter Fässler-Weibel*

ANGSTBEREITSCHAFT UND ANGSTABWEHR

Peter Grob

"Sterbende verstehen lernen" heisst das Anliegen. Wer ist sterbend? "Ein sterbender Mensch ist, wer seine Lebensuhr ticken hört." Üblicherweise hören wir nicht auf das Ticken unserer Uhr. Wenn wir aber richtig hinhören, sind wir alle Sterbende. Wie steht es um unsere Bereitschaft, die damit verbundene Angst zuzulassen? Es heisst: Er ist unerwartet verstorben. Aber wir sagen nicht: Ich lebe unerwarteterweise weiter. Wir gehen selbstverständlich davon aus, dass wir weiterleben. Wer gibt mir diese Garantie? Tatsache ist, dass jeder Herzschlag, jeder Atemzug ein Geschenk ist und zumindest ersterer von uns in keiner Weise beeinflussbar ist. Wir Menschen sind nicht wenig anspruchsvoll dem Leben gegenüber. Wo ist das Staunen geblieben?

Die sogenannten Sterbenden sollen sich, stellvertretend für uns, mit der Sterblichkeit auseinandersetzen. Wenn wir das so sehen, drücken wir uns vor der Tatsache, die uns alle in gleicher Weise betrifft: Wir sind nur leihweise hier auf Erden. Wir haben nichts dazu beigetragen, dass wir hier sind, und wir wissen nicht, wann und wie und wo wir diese Welt wieder verlassen. Angst ist die natürliche Reaktion auf diese Tatsache. Unser Leben spielt sich ab zwischen der Bereitschaft, diese Angst zuzulassen, und dem Versuch, sie abzuwehren.

Was ist Angst?

Mit der Angst ist es wie mit dem Schmerz. Sie ist ein *lebenserhaltendes Prinzip*, welches uns vor Beschädigungen bewahren soll, indem es uns vor gefährlichen Situationen warnt. Alle haben wir erlebt, wie die Sorglosigkeit des Kindes uns ängstigt. Und wir versuchen, ihm die Angst beizubringen: die Angst vor der Strasse, die Angst vor dem Wasser, die Angst vor den Sexualtätern, die Angst vor AIDS, die Angst vor der Hinterhältigkeit vieler Menschen, die Angst vor der Umweltzerstörung usw. Angst in diesem Sinne ist etwas *Gesunderhaltendes, Gesundes.* Hüten wir uns vor den angstfreien Menschen, sie können uns in grösste Gefahr bringen. Denken wir beispielsweise nur an die Augenwischerei der Auto- oder

Atomlobby. Zum Glück gibt es die nimmermüden angstbereiten Rufer in der Wüste, welche die Angst vor der Umweltkatastrophe nicht verdrängen und den Mut haben, dem Lustprinzip übergeordnete Werte entgegenzustellen.

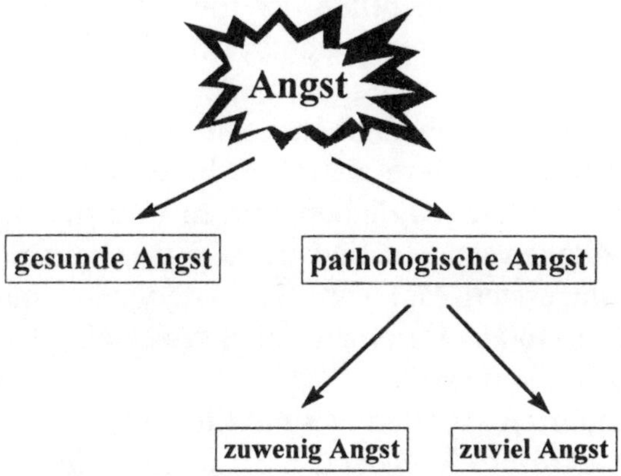

Abbildung: Gesunde und pathologische Angst

Wie mit dem Schmerz, so ist es auch mit der Angst: Sie kann vom gesunderhaltenden Warner zum krankmachenden Quäler werden. Die Kunst ist es, zwischen den lebensfördernden und den krankmachenden Aspekten unterscheiden zu lernen.

Existentielle Angst und Erfahrung des Todes

Meine 7jährige Tochter sagte kürzlich, sie habe Angst und könne nicht einschlafen. Als ich mich zu ihr setzte, fing sie an, mich mit kniffligen Fragen in Bedrängnis zu bringen: Wie ist Maria (die Mutter von Jesus) auf die Welt gekommen, wie ist die Mutter von Maria auf die Welt gekommen und so weiter... und am Schluss stand die Frage: Wie ist eigentlich der Liebe Gott entstanden? Was war, bevor nichts war? Ich war froh, dass sie unter dem Fragen müde wurde und dank meiner Anwesenheit doch noch einschlief. Aber ich war alles andere als ruhig. Es erinnerte mich an meine diesbezüglichen Fragen und die damit verbundenen Ängste, und an mein Erschauern, als ich zum ersten Mal dem Tod begegnete, indem ich einen toten Vogel auf der Strasse sah. Und an den verhängnisvollen Tag, als wir Buben dem aufgebahrten, tödlich verunfallten Vikar unsere letzte Ehre erwiesen und ich nachher nächtelang nicht mehr einschlafen konnte. Und an die Zeit, wo ich mich ängstigte, meine Mutter könnte sterben; und als ich plötzlich in der Schulstunde weinte, als die Kirchenglocken läuteten, da ich mir vorstellte, das sei für meine Mutter; und wie dies einige Monate später Realität wurde und sie regungslos vor uns lag und es hiess, sie sei für immer eingeschlafen.

Und wie einige Jahre später mein Vater dahinzusiechen begann, weil sein Hirn vom Krebs zerfressen wurde. Und wie der Tod erneut vor der Tür stand und niemand wagte, darüber zu sprechen. Und wie ich mich dann - im Sinne der Flucht nach vorne - entschloss, Medizin zu studieren. Und wie ich vom Regen in die Traufe kam. Wie ich lernte, dass wir dem Tod gegenüber tatsächlich hilflos sind und es kein Ausweichen gibt, so sehr sich unsere Professoren auch Mühe geben, mit ihren souveränen und komplizierten Formulierungen diese Realität zu vertuschen.

Psychische Abwehrmechanismen im Zusammenhang mit schweren Erkrankungen

Psychische Abwehrmechanismen sind häufig zu beobachtende Verhaltensweisen, welche der Gefühlsregulierung in belastenden Lebenssituationen dienen. Ich möchte hier einige der wichtigsten vorstellen.

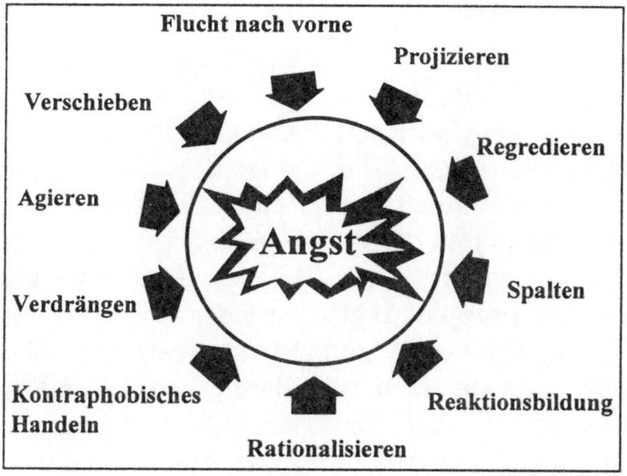

Abbildung: Verschiedene Formen der Angstabwehr

Ein solch schwer zu ertragender Affekt ist die Angst. Diese Abwehrmechanismen können der Eindämmung der Angst dienen. Abwehr schwer zu ertragender Gefühle geschieht nicht nur bei den betroffenen Kranken selber, sondern auch bei deren Angehörigen und Betreuungspersonen. Darum werde ich im folgenden bei der Erläuterung dieser Abwehrmechanismen stets ein Beispiel einer kranken Person und ein Beispiel von Angehörigen oder Betreuungspersonen aufführen.

1. Verdrängung

Bei der Verdrängung werden emotional belastende Situationen oder Tatbestände vergessen, und im Grunde klare innere Zusammenhänge werden nicht wahrgenommen.

1.a Patientin

Eine Patientin wurde von ihrem Chirurgen ausführlich über die Art und Malignität des herausoperierten Tumors orientiert. Am nächsten Morgen fragt sie die Schwester zu deren Erstaunen, was wohl gestern bei der Operation herausgekommen sei.

1.b Freund

Seinem an Krebs erkrankten Freund verspricht ein junger Mann, er werde ihn am Samstag im Spital besuchen. Der sonst keineswegs vergessliche Mann verpasst aber diesen Termin und erinnert sich zu spät an seine Abmachung.

2. Projizieren

Bei der Projektion wird eine emotional belastende Situation des eigenen Lebens am Beispiel eines anderen Menschen abgehandelt.

2.a Patient

Ein 65jähriger Mann mit einem Hodenkarzinom möchte, dass man seine Angehörigen nicht über seinen Zustand informiere, weil er fürchtet, sie könnten diese Tatsache, dass er sterben muss, nicht ertragen.

2.b Angehörige

Die Angehörigen des erwähnten Patienten sind aber bereits über sein Leiden informiert, wagen allerdings nicht, mit ihm darüber zu sprechen, weil sie fürchten, er könnte diese Konfrontation nicht ertragen.

3. Rationalisieren

Beim Rationalisieren werden emotional belastende Situationen durch rein kognitive/gedankliche Auseinandersetzung bearbeitet und so ihrer Bedrängnis beraubt.

3.a Patient

Ein 50jähriger Mann mit einer Leukämie spricht in erstaunlich versierter Fachsprache über sein Leiden und findet, man müsse eben die Krankheit als eine

3.b Arzt

Ein Arzt, der einen Tumorpatienten ambulant betreut, referiert diesem in unverständlichen Fremdwörter über die Dignität des Leiomyosarkoms, welches durch

Chance betrachten, und er sei dankbar, das ihm diese geschickt wurde, er werde daran sicher reifer und weiser werden.

die zytostatische Palliativtherapie an der transvasalen Migration gehindert und die Mitoserate suprimiert werden soll.

4. Regredieren

Beim Regredieren wird eine emotional unverträgliche Situation zu überwinden versucht, indem durch eine ausgesprochen passive, zum Teil frühkindliche Verhaltensweise die Umgebung zu einer übermässigen Umsorgung veranlasst wird.

4.a Patient

Ein Patient mit einem metastasierenden Tumor ist soweit mobil, dass seine Rückkehr nach Hause in Betracht gezogen wird. Aus körperlich unerklärlichen Gründen verschlechtert sich sein Zustand. Er nässt ein und kann das Bett nur noch mit der Hilfe von zwei Krankenschwestern verlassen.

4.b Schwester

Die überlastete und übermüdete Pflegeperson bekommt just in der strengsten Zeit eine Grippe und muss für drei Tage wieder heim ins Bett, um sich von der Mutter umsorgen zu lassen.

5. Agieren

Beim Agieren führt eine emotional schwer erträgliche Situation zu einem Verhalten, welches in der Umgebung soviel Wirbel erzeugt, dass das eigentliche Problem aus dem Blickfeld gerät.

5.a Patientin

Die 50jährige Patientin mit Chemotherapie wegen eines metastasierenden Mammacarzinoms beschäftigt das ganze Pflegeteam und die Ärzte, indem diese ständig miteinander im Streit um die richtige Behandlung stehen. Die Schwestern werfen den Ärzten Übertherapie und Unsensibilität vor und die Ärzte jenen Inkompetenz und Gefühlsduselei. Bei genauerem Hinschauen zeigt sich, dass die Patientin durch ihre unterschiedlichen Äusserungen den Schwestern und den Ärzten gegenüber diesen Streit geradezu provoziert.

5.b Angehörige

Die seelisch überforderten Angehörigen einer schwerkranken Patientin sind unzufrieden mit dem Pflegeteam und den Ärzten, obwohl sich diese nach bestem Wissen und Gewissen um die Patientin kümmern. Die Angehörigen erwirken eine Verlegung in eine andere Klinik, obwohl sich dadurch für die Patientin die Situation eher noch verschlechtert.

6. Kontraphobisches Handeln

Beim kontraphobischen Handeln wird die Angst durch Überaktivität - oft durch objektiv nutzlose Handlungen - zugedeckt.

6.a Patientin

Die 45jährige Frau mit einem Tumor im Bauch reist mit ihrem Ehemann buchstäblich in der ganzen Welt herum, von einem Therapiezentrum zum anderen. Es spielt keine Rolle, ob es sich dabei um schulmedizinische oder alternative Methoden handelt. Die Hauptsache ist, dass alles ausprobiert wird, was jemals jemandem geholfen hat, ungeachtet des Aufwandes und der damit verbundenen Kosten und Nebenwirkungen.

6.b Pflegepersonen/ Ärzte

Wenn der erwartete Tod kurz bevorsteht, dann steigt plötzlich der Aktivitätspegel im Krankenzimmer: Man steckt noch einmal eine Infusion, es wird doch noch eine Blutentnahme gemacht, die Blutgase bestimmt, Sauerstoff gegeben, abgesaugt, doch noch einmal Morphium gespritzt usw.

7. Flucht nach vorne

Bei der Flucht nach vorne wird eine Angst auslösende Situation erträglich zu machen versucht, indem just diese Situation direkt konfrontiert wird.

7.a Patient

Der im Grunde ängstliche Patient kommt zur Abklärung eines Befundes in die Klinik. Er fordert eindringlich, dass er über jeden Befund und seine statistische Prognose detailliert und offen informiert werde. Als dies getan wird, bricht er seelisch zusammen.

7.b Arzt

Eigentlich ist dem sensiblen jungen Mann nichts belastender als die Vorstellung des Krankwerdens und frühen Sterbenmüssens. Aber er will es genau wissen, will sich beweisen, dass er diese Konfrontation aushält, und hofft, dadurch stärker und reifer zu werden, seine Angst zu verlieren. Er entscheidet sich darum, Medizin zu studieren und Arzt zu werden.

8. Verschieben

Beim Verschieben wird einem emotional schwer zu ertragenden Problem ein anderes - weniger belastendes - vorgeschoben und durch die Beschäftigung damit das schlimmere Problem in den Hintergrund gedrängt.

8.a Patientin

Eine schwerkranke Frau terrorisiert die Schwestern mit ihrem Klagen über das Essen. Immer ist etwas nicht in Ordnung. Die Schwestern versuchen alles, um die Leidende zufrieden zu stellen, aber alle Bemühungen sind vergeblich.

8.b Pflegepersonen/ Ärzte

Die Ärzte und Schwestern beschäftigen sich über alle Massen mit einer unheilbar kranken Patientin, weil es nicht gelingt, den ständig zu hohen (aber akut ungefährlichen) Blutzucker ihres Diabetes mellitus einzustellen.

9. Abspalten

Beim Abspalten können in emotional schwerst zu verarbeitenden Situationen gegensätzliche Affekte einander gleichwertig zur Seite gestellt werden, wobei zu einem Zeitpunkt lediglich der eine, zu einem anderen Zeitpunkt nur der andere dem Bewusstsein zugänglich ist.

9.a Patient

Mit einem jungen Mann auf dem Sterbebett kann ganz offen über seinen kurz bevorstehenden Tod gesprochen werden. Er regelt auch alle seine Angelegenheiten. Immer wieder berichtet er aber

9.b Pflegepersonen

Tragische Beispiele sind die Pflegepersonen aus Österreich, über die sich die Öffentlichkeit empörte, weil sie einerseits Patienten zuverlässig pflegten und andererseits Schwerkranke umbrachten.

auch davon, dass er bald mit seiner Frau und den Kindern eine Ferienreise antreten werde.

10. Reaktionsbildung

Bei der Reaktionsbildung wird ein bei sich selber schwer zu akzeptierender Affekt im Verhalten ins Gegenteil verwandelt.

10.a Patient

Ein Langzeitpatient ist - wie sich später herausstellt - darüber irritiert, dass er für eine Krankenschwester Liebesgefühle empfindet. Er ärgert aber diese durch ständiges provokatives Reklamieren derart, dass sie ihm in der Folge die Pflege verweigert.

10.b1 Krankenschwester

Die als überaus liebe, gelegentlich im Verhalten als süsslich bekannte Schwester überrascht ihre Kolleginnen plötzlich mit einer Bemerkung, welche darauf hinweist, dass ihr diese lästigen Patienten bereits seit längerer Zeit auf die Nerven gehen und sie sich innerlich öfters massiv über sie ärgert.

10.b2 Arzt
Der im Grunde sehr unsichere Assistent ist im Verhalten arrogant und überheblich. Er provoziert so ständig die Patienten, die Pflegepersonen sowie seine Kollegen.

Wechselspiel zwischen Angstabwehr und Angstbereitschaft

Diese Beispiele sollen zeigen, dass unserer Seele vielfältige Reaktionsweisen zur Verfügung stehen, um die Ängste, die unweigerlich mit schwerer Krankheit und Sterben verbunden sind, zu regulieren. Sie sollen auch zeigen, dass das nicht nur für die Betroffenen selber, sondern auch für deren Angehörige und die Betreuungspersonen gilt.

Die seelische Angstabwehr ist an sich etwas Gutes. Sie kann aber in gewissen Situationen den Prozess der Auseinandersetzung mit der Krankheitsrealität auf schädliche Art und Weise behindern. In solchen Fällen ist es wichtig, diese Zusammenhänge zu kennen, um verändernd eingreifen zu können.

Eine 60jährige Frau mit einem Krebsleiden hat zusätzlich eine Zuckerkrankheit. Sie verschiebt nun ihre Todesängste auf die Einstellung des Blutzuckers und auf die Angst, sich bei anderen Leuten mit einem Virus oder einem Bakterium zu infizieren. Dies führt dazu, dass sie sich von allen ausserhäuslichen Aktivitäten und allen Mitmenschen zurückzieht. Die Umgebung, insbesondere der Ehemann und die Kinder, versuchen, ihr diese Ängste vor dem hohen Blutzucker und den Infektionen auszureden. Vergeblich - im Gegenteil, je mehr die Angehörigen versuchen, diese Ängste als unbegründet zu entkräften, desto mehr ängstigt sich die Patientin. Auffallend ist es, wie wenig Angst ihr Mann hat. Darauf angesprochen, sagt er, er könne ja nicht auch noch Angst haben, sonst würden sie beide verzweifeln.

In dieser Situation hat sich ein Teufelskreis für die Patientin entwickelt. Sie fühlt sich in ihren Ängsten unverstanden und allein gelassen. Die hinter der Angst vor dem zu hohen Blutzucker verborgene Todesangst nagt und wühlt in ihrem Innern. Die zu geringe Angstbereitschaft ihres Ehemannes und auch ihrer Kinder isolieren die Frau und überlassen sie ihren inneren Qualen. In diesem Fall kann es angezeigt sein, die Angstbereitschaft der Angehörigen zu fördern, damit die eigentliche Not der Abschiedlichkeit zur Sprache kommen kann. Durch die geteilte Angst und Trauer kann die kranke Frau aus ihrer Isolation befreit und entlastet werden.

Abbildung: Teufelskreis zwischen
Angstbereitschaft und Angstabwehr

Angstabwehr und Angstbereitschaft als Ausdruck unterschiedlicher existentieller Grundhaltungen

Angst ist Ausdruck einer menschlichen Grundhaltung. Tiere haben möglicherweise auch Angst, aber diese steht immer in unmittelbarem Zusammenhang mit einer äusseren Bedrohung. Wir Menschen haben kraft unserer Fähigkeit zur Reflexion unserer Lebenssituation die Möglichkeit, die letztliche Unverfügbarkeit unseres eigenen Lebens bewusst zu erleben. Wir wissen, dass sich der Tod ohne ersichtlichen Anlass plötzlich ereignen kann. Wie eingangs erwähnt, sind wir spontan wenig bereit, uns mit dieser Tatsache wirklich zu konfrontieren. Wir rechnen mit dem Leben und nicht mit dem Tod. Wir sind überrascht, wenn jemand stirbt, aber staunen wenig darüber, dass wir immer noch leben.

Die Angst ist die Drehscheibe für die Erfahrung des Lebens als Wunder, für die existentiell-religiöse Erfahrung unseres Eingebundenseins in einen grösseren Zusammenhang, der von uns nicht ergründbar ist; weder von den Gescheiten noch von den Reichen, noch von den Glücklichen oder den Mächtigen. Im Gegenteil, diese erwähnten Attribute können sich dieser Erfahrung in den Weg stellen, weil sie die Angst unterdrücken, welche das Tor zu dieser Erfahrung darstellt.

Ich möchte mit den in der nächsten Abbildung dargestellten Charakteristika der Angstabwehr und der Angstbereitschaft diese unterschiedlichen Weltbezüge etwas näher umschreiben. Unser Leben spielt sich natürlich zwischen diesen beiden extremen Grundhaltungen ab. Da wir spontan geneigt sind, den Zustand der Angst abzuwehren, möchte ich hiermit ein Plädoyer für die Angst aussprechen. Mut zur Angst, heisst die Devise.

Was jenseits der Angst ist, entbirgt sich der Verborgenheit - mit oder ohne Angst!

Angstabwehr	**Angstbereitschaft**
Kontrolle	Kontrollverlust
Machtgefühl	Ohnmachtsgefühl
Handeln	Besinnen
Zupacken	Hingabe
Struktur	Chaos
konkretes Vertrauen	Ur-Vertrauen
konkrete Hoffnung	transzendente Hoffnung
Wissen	Glauben
Banalisieren	Staunen
Verschlossenheit	Offenheit
...	...

Sterbende können wir am ehesten verstehen, wenn wir bereit sind, bei uns selber die Angst zu spüren. Angst, Ohnmacht, Hilflosigkeit, Ausgeliefertsein sind Gefühle, die unweigerlich zum Sterben gehören. Das heisst nicht, dass es jenseits dieser existentiellen Not ein umfassenderes Heil nicht gäbe. Aber dieses ist ganz anders, als wir es uns vorzustellen vermögen. Es lässt sich von uns nicht erwirken und schon gar nicht herbeizwingen. Das ist der Bereich der Gnade. Für den sterbenden Menschen macht es aber einen wesentlichen Unterschied, ob er alleine oder in Gesellschaft diese

Gnade erwartet. Den Mut und die Angstbereitschaft zu haben, bescheiden dabeizubleiben, ist wohl das Höchste, was wir zu leisten vermögen.

KÖRPERLICHE SCHMERZEN LINDERN

Irène Bachmann-Mettler

Der Gedanke, körperliche Schmerzen über lange Zeit ertragen zu müssen, ist wahrscheinlich eine der grössten Befürchtungen, die Menschen während ihres Lebens haben. Dabei ist nicht nur die Angst, diese Schmerzen nicht ertragen zu können, im Vordergrund, sondern auch die Vorstellung, von anderen abhängig zu sein und unter weiteren Auswirkungen chronischer Schmerzen leiden zu müssen.

Eine von der Schweizerischen Krebsliga durchgeführte Meinungsumfrage bei 500 gesunden Personen hat ergeben, dass nur 25% der Befragten glauben, Krebsschmerzen könnten in mindestens 8 von 10 Fällen gelindert werden (SKL 1996). Ärzte, die sich auf die Behandlung von chronischen Schmerzen bei Menschen mit einer Krebserkrankung spezialisiert haben, gehen jedoch davon aus, dass 90% der Schmerzen gut behandelt werden können oder könnten, wenn nach den heutigen Erkenntnissen gehandelt würde. Im weiteren ist zu betonen, dass nicht alle von einer Krebserkrankung betroffenen Menschen an Schmerzen leiden. Verschiedene Studien zeigen jedoch auf, dass 75% der Betroffenen während ihrer Krankheit, insbesondere im fortgeschrittenen Stadium, Schmerzen haben.

Es gibt viele verschiedene Gründe, weshalb chronische Schmerzen ungenügend behandelt werden. Mangelndes Wissen und Erfahrung der Ärzte und Pflegenden werden oft als häufigste Ursachen genannt.

Es gibt jedoch viel bedeutendere Barrieren, die eine wirkungsvolle Therapie verhindern. Ich möchte nur einige davon erwähnen: Das ungenügende Erfassen der Schmerzen und Ernstnehmen der Aussagen der Patienten entsteht durch das Verdrängen von Leiden. Die persönliche Konfrontation mit Leiden löst Macht- und Hilflosigkeit aus. Diese Gefühle haben in einer Gesellschaft mit einer Medizin, bei der alles heilbar und messbar sein muss, keinen Platz. Eine weitere Schwierigkeit ist die mangelnde Kommunikationskompetenz der Behandelnden. Das Wahrnehmen von Schmerzen und deren Auswirkungen setzt ein hohes Einfühlungsvermögen und Verständnis voraus, das nicht nur, aber auch sprachlich ausgedrückt werden muss. Diese Fähigkeiten werden während der Ausbildung kaum geschult.

Andererseits ist es auch für Patienten sehr schwierig, ihre Schmerzen so zu beschreiben, wie sie diese wirklich erleben und was das auslöst. Schmerz ist ein individuelles, komplexes Phänomen, es ist ein Gefühl, und dafür gibt es keine eindeutige Sprache. Dies ist vielleicht auch ein Grund für die schwierige und ungenügende Zusammenarbeit bei der Behandlung der Schmerzen. Der Mythos der Abhängigkeit von Medikamenten, insbesondere von Morphin, der bei den Behandelnden wie bei den Patienten allgegenwärtig ist, ist eine weitere Barriere für eine gute Schmerzbehandlung. Schlussendlich trägt die fehlende professionelle Anerkennung (es gibt z.B. keinen FMH-Titel für Schmerztherapie) dazu bei, dass die heutige Behandlung nicht dem tatsächlich Möglichen entspricht. Schmerzen zu behandeln und diese Menschen und ihre Angehörigen zu begleiten, ist eine anspruchsvolle Aufgabe. Oftmals ist es wirklich schwierig, einen gemeinsamen Weg zu finden, der zur Linderung führt. Dies einzugestehen und auszuhalten ist ebenso herausfordernd.

In den folgenden Ausführungen möchte ich die wichtigsten Grundpfeiler einer professionellen Schmerzbehandlung, zu der auch die Pflege und Begleitung gehört, aufzeigen und dabei auch die Schwierigkeiten erwähnen. Ich gehe vor allem auf die Behandlung und Pflege von Patientinnen ein, die durch eine Krebserkrankung an chronischen Schmerzen leiden, da dies mein Erfahrungsgebiet ist. Dabei beziehe ich mich weitgehend auf die von der Schweizerischen Krebsliga erarbeiteten Grundlagen. In einer breit angelegten Kampagne hat die Schweizerische Krebsliga im Jahr 1996 unter anderem Broschüren mit Grundlagenwissen für Betroffene und Professionelle erarbeitet und an mehr als 300 Veranstaltungen dieses Wissen und diese Erfahrungen weitervermittelt.

Definition von Schmerzen

Die aussagekräftigste, jedoch auch anspruchsvollste Definition von Schmerzen hat die Krankenschwester M. McCaffery gegeben: "Schmerz ist, was der Patient sagt, und existiert, wann immer er es sagt" (McCaffery 1989). Diese Definition bedingt ein Sprechen über die Schmerzen und die damit verbundenen Gefühle und insbesondere ein Ernstnehmen der Aussagen und Empfindungen, da Schmerz ein subjektives Erlebnis ist und nicht nachempfunden werden kann. Vertrauen und Glauben ist die wichtigste Voraussetzung für eine erfolgversprechende Schmerzlinderung.

Verschiedene Formen

Körperliche Schmerzen werden in nozizeptive (Oberflächenschmerz), viszerale (tiefliegender "Organschmerz") und neurogene (Nerven-) Schmerzen eingeteilt. Diese Schmerzen äussern sich in ihrer Art unterschiedlich, z.B. dumpf oder brennend etc. Sie müssen meist mit unterschiedlichen Medikamenten behandelt werden.

Schmerzerfassung

Die regelmässige, aktive Schmerzerfassung durch den Patienten steht an erster Stelle einer Schmerzbehandlung. Regelmässig bedeutet, dass die Schmerzen mindestens einmal, häufig jedoch mehrmals täglich erfasst werden. Aktiv bedeutet, dass die Patienten auf ihre Schmerzen direkt angesprochen werden müssen. Viele Patienten haben Mühe, ihre Schmerzen immer wieder zu äussern, sie schämen sich vielleicht oder möchten nicht zur Last fallen. Die folgenden Fragestellungen bewähren sich:

Wo?

Der Patient kann die Schmerzen lokalisieren, indem er die Körperstellen zeigt oder auf einem schematisch dargestellten Körper einzeichnet. Mehrere Lokalisationen müssen einzeln erfasst werden.

Wie stark?

Die Intensität kann in Worten, in Zahlen oder auf einer neutralen Linie angegeben werden. Für die Beurteilungsskala hat sich eine Basislinie von 10 cm bewährt:

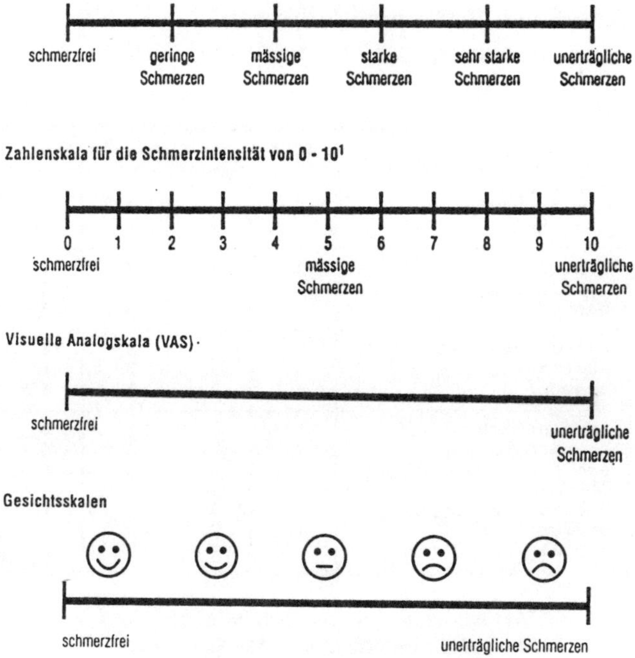

Abbildung aus: Schweizerische Krebsliga: Therapeutische Richtlinien für Fachpersonen

Die Verwendung eines Schiebers, den der Patient immer wieder neu einstellen und ablesen kann, ist ein gutes Mittel zur fortlaufenden Einschätzung der Schmerzen.

Wie?

Die Art und Weise, wie der Patient seine Schmerzen beschreibt, gibt wertvolle Anhaltspunkte über die Ursachen der Schmerzen. Eine einfache Wortskala kann dabei eine Hilfe sei:

	nicht	leicht	mässig	stark
pochend	1	2	3	4
einschiessend	1	2	3	4
stechend	1	2	3	4
scharf	1	2	3	4
krampfartig	1	2	3	4
nagend	1	2	3	4
heiss-brennend	1	2	3	4
hartnäckig	1	2	3	4
schwer	1	2	3	4
empfindlich	1	2	3	4
schneidend	1	2	3	4
ermüdend-erschöpfend	1	2	3	4
Übelkeit erregend	1	2	3	4
beängstigend	1	2	3	4
brutal	1	2	3	4

Abbildung aus: Schweizerische Krebsliga:
Therapeutische Richtlinien für Fachpersonen

Wann? Was verstärkt, lindert den Schmerz?
Der Patient sollte gefragt werden, zu welcher Tageszeit und bei welchen Aktivitäten er am meisten oder am wenigsten Schmerzen hat. Dies hat einen Einfluss auf die Therapieziele.

Welche Auswirkungen haben die Schmerzen?
Körperliche Schmerzen haben Auswirkungen auf den ganzen Menschen, auf seine täglichen Aktivitäten, auf seine Gewohnheiten, auf seinen Selbst-

wert und auf seine sozialen Beziehungen. Unser Körper ist nicht nur Materie, wir sind ein beseelter Leib. Deshalb ist es wichtig, auch die Auswirkungen der Schmerzen zu erfassen. Folgende Fragen können uns einen Einblick in die Auswirkungen geben:

- Wie erleben Sie Ihre Schmerzen?
- Was bedeuten diese Schmerzen für Sie?
- Wie beeinflussen die Schmerzen Ihre täglichen Aktivitäten, Ihre Aufgaben, Ihren Beruf, Ihre Gewohnheiten?
- Wie verhalten sich Ihre Familie, Freunde, Kolleginnen?
- Von was mussten Sie Abschied nehmen?
- Was können Sie nicht mehr machen?
- Was ermöglichen Ihnen die Schmerzen?

Viele Patienten, Kinder, Fremdsprachige, Verwirrte oder Sterbende haben keine Möglichkeit, ihre Schmerzen mit Worten mitzuteilen. Die genaue Beobachtung der nonverbalen Schmerzäusserung, wie z.B. Mimik, Anspannung, Atmung, Körperhaltung, kann wertvolle Hinweise auf das Schmerzempfinden geben. Manchmal ist es sinnvoll, diese Beobachtungen sorgfältig anzusprechen. Eine weitere Möglichkeit ist es, den Schmerz malen zu lassen. Farbenwahl und Symbole beschreiben die Intensität und die Auswirkungen der Schmerzen oft viel klarer und direkter als die Sprache.

Die Auswirkungen chronischer Schmerzen können auch mit einem Teufelskreis beschrieben werden. Viele verschiedene Ängste können zu einer Depression führen, die wiederum die Schmerzempfindung beeinflusst.

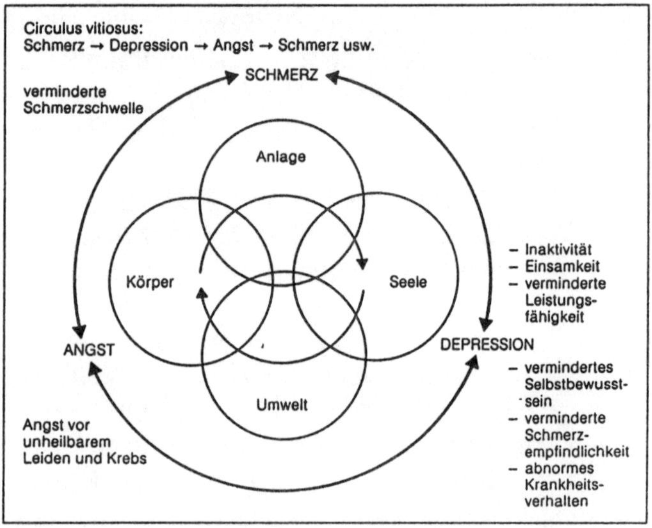

Abbildung: Circulus vitiosus des chronischen Schmerzes, nach Aulbert, in: Jungi F.W. 1989

Schmerzanalyse

Nach der Schmerzerfassung folgt die Analyse, damit eine Erklärung der Schmerzen gefunden werden kann. Dabei sind die körperlichen Befunde (Ausdehnung der Grundkrankheit, weitere körperliche Erkrankungen) abzuklären, wobei das Ausmass der Untersuchungen immer auf das Gesamtbefinden des Patienten abgestimmt werden muss. Gleichzeitig müssen die möglichen psychischen, sozialen und eventuell finanziellen Einflussfaktoren, die den körperlichen Schmerz verstärken oder lindern, mit dem Patienten besprochen werden. Dies setzt viel Feinfühligkeit und Einfühlungsvermögen voraus, da Menschen mit Schmerzen sehr verletzbar sind und schnell vermuten, die Behandelnden könnten denken, die Schmerzen seien "psychisch". Chronische körperliche Schmerzen lösen psychische Schmerzen aus. Es ist wichtig, die verschiedenen Schmerzen zu unterscheiden, damit sie entsprechend "behandelt" werden können.

Schmerzbehandlung

Die medikamentöse Therapie bildet den Grundstein der Behandlung von Tumorschmerzen. Sie ist meist schnell wirksam und bei richtiger Anwendung risikoarm. Trotzdem ist es sinnvoll, den Wert einer Bestrahlung (z.B. bei Knochenmetastasen) auch in einem fortgeschrittenen Krankheitsstadium genau abzuklären. Die Weltgesundheitsorganisation (WHO) hat Prinzipien für eine wirkungsvolle Schmerztherapie erarbeitet. Das Konzept hat sich in der Praxis sehr bewährt. Prinzipien können jedoch nie verallgemeinert werden. Jeder Patient benötigt eine individuell abgestimmte Schmerzbehandlung, die auf der kontinuierlichen Schmerzerfassung (bezogen auf die Wirkung der Medikamente), auf den individuell unterschiedlich auftretenden Nebenwirkungen der Medikamente und den Möglichkeiten der Verabreichung der Medikamente beruht.

1. WHO-Stufenplan der medikamentösen Schmerztherapie

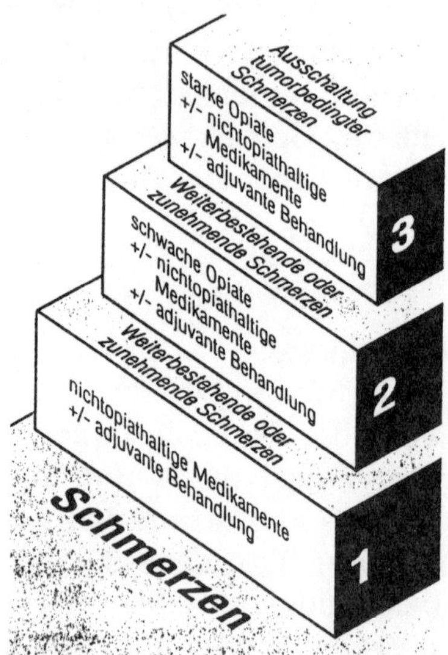

Abbildung: Schweizerische Krebsliga:
Therapeutische Richtlinien für Fachpersonen

Bei schwachen bis mässigen Schmerzen genügen die Medikamente der ersten Stufe (z.B. Aspirin, Panandol/Dolprone, Brufen etc.). Wenn der Schmerz anhält oder stärker wird, erhält der Patient entsprechend der zweiten Stufe zusätzlich ein schwaches Opioid (z.B. Codein, Tramal). Bei stärkeren oder anhaltenden Schmerzen erhält er anstelle des schwachen Opioids ein stark wirksames (z.B. Morphin). Auf die Dosierungen, den Wechsel und die Nebenwirkungen der Medikamente kann hier nicht näher eingegangen werden.

2. Regelmässige Verabreichung

Alle Medikamente müssen entsprechend ihrer Wirkungsdauer eingenommen werden (z.B. vierstündlich, achtstündlich, zwölfstündlich; regelmässig verteilt auf 24 Stunden). Dies bedeutet für den Patienten, die Medikamente einzunehmen, wenn er noch nicht starke Schmerzen verspürt, die Medikamente also noch wirksam sind. Dadurch wird die "Schmerzzeit" eliminiert, und der Patient braucht nicht noch stärkere Medikamente, weil er wiederum unnötigerweise starke Schmerzen während der therapiefreien Zeit hatte. Diese paradoxe Einnahme (üblicherweise werden nur Medikamente bei sehr starken Schmerzen geschluckt) muss dem Patienten und seinen Angehörigen genau und allenfalls mehrmals erklärt werden.

Ein schriftlicher Zeitplan zur Medikamenteneinnahme oder die Zubereitung der Dosis für die entsprechende Einnahmezeit für einen oder mehrere Tage kann für den Patienten eine Unterstützung bedeuten.

3. Verabreichungsform

Eine orale, durch den Mund verabreichte Medikation (auch Morphin) ist allen anderen Formen immer vorzuziehen. Patienten sind dadurch unabhängiger, und schmerzhafte Stiche durch Injektionen können vermieden werden. Bei Übelkeit und Erbrechen können Zäpfchen im entsprechenden Zeitintervall verabreicht werden. Auch Reservemedikamente, die bei plötzlichen Schmerzen verabreicht werden, sollten als Tabletten, Tropfen oder Zäpfchen gegeben werden. Falls eine subcutane Verabreichung notwendig wird, bewährt sich das Legen einer Nadel, die im Gewebe liegen gelassen werden kann (z.B. Butterfly supraclaviculär).

Beurteilung der Schmerzkontrolle

In regelmässigen Abständen muss gemeinsam mit dem Patienten und seinem Behandlungsteam die Effektivität der Schmerztherapie beurteilt werden. Die Intensität und die Auswirkungen der Schmerzen müssen also während der ganzen Behandlungsdauer fortlaufend durch den Patienten erfasst und von ihm oder vom Behandlungsteam dokumentiert werden. Nur dadurch wird es möglich, die Wirksamkeit der Medikamente einzuschätzen und allenfalls die Therapie zu ändern. Behandlungserfolge setzen oftmals nicht sofort ein. Das Abschätzen, wann Geduld und Aushalten der Situation notwendig sind oder wann es notwendig ist, die Therapie zu ändern, braucht viel Erfahrung, aber auch die Mitentscheidung des Patienten. Nicht nur, aber besonders in diesen Situationen können nicht-medikamentöse Unterstützungsmassnahmen sehr wirkungsvoll sein.

Pflegerische und ergänzende Möglichkeiten für die bei der Therapie von Schmerzen leidenden Menschen bedeuten, dass für die Pflegenden nicht der medizinische Befund im Vordergrund steht, sondern das aktuelle Befinden. Dies bedeutet, dass das subjektive Empfinden der Schmerzen und die Auswirkungen wirklich zentral sein müssen, was uns nicht daran hindert, genau nachzufragen, was wie stark schmerzt. Folgende Fragen können eine Hilfe sein, um zu klären, was Patienten hilft, ihre Situation zu bewältigen oder zu lindern:

- Was hilft Ihnen bei der Bewältigung der Situation?
- Welches Verhalten vermindert Ihre Schmerzen?
- Welche Massnahmen lindern Ihre Schmerzen?
- Was denken Sie, könnte Ihnen helfen?
- Was haben Sie schon versucht, um Ihre Schmerzen zu lindern?
- Welche Unterstützung benötigen Sie von Pflegenden oder anderen Mitarbeitern?
- Was können wir für Sie tun?

Schmerzen haben heisst z.B., den Zeitplan des Tages immer wieder anzupassen und anders zu gestalten. Dies ist nicht immer einfach, gerade wenn die Patienten auf viel fremde Hilfe angewiesen sind und der Zeitplan der Pflegenden Priorität hat. Abhängigkeit kann sehr belastend sein. Dies kann durch eine Flexibilität der Helfenden vermindert werden.

Menschen mit chronischen Schmerzen müssen auch zurechtkommen mit der Ungewissheit, ob ihre Schmerzen gelindert werden können. Das führt zu Angst und Verunsicherung, zum Gefühl der Machtlosigkeit und des Ausgeliefertseins. Die eigene Identität und die Würde sind bedroht. Das bedeutet, dass es die Aufgabe der Pflegenden ist, die Patienten dabei zu unterstützen, trotz allem ein sinnvolles Leben zu leben. Sinn finden, Abschied nehmen von lieben Gewohnheiten, mitentscheiden bei Fragen der Therapie, aber auch bei vielen kleinen Details geben den Patienten eine positive Macht, die Situation wird damit beeinflussbar.

Patienten zu unterstützen oder anzuleiten, wie sie mit ihren Schmerzen umgehen oder sogar Kontrolle darüber gewinnen können, bedarf einer genauen Analyse der individuellen Bedürfnisse, Vorlieben und Fähigkeiten. Eine schmerzlindernde Lagerung im Bett oder im Lehnstuhl, die immer wieder verändert und angepasst werden muss, kann zentral sein bei der Schmerzlinderung. Aber auch eine den Wünschen angepasste Körperpflege, frische Luft, ein geliebter Tee oder eine warme

Milch helfen mit, das Wohlbefinden zu fördern. Eine Einreibung, Wickel, eine spezielle Atemtechnik oder ganz einfach auch die Ablenkung durch Besuche, Vorlesen oder Fernsehen, damit der Patient nicht an seine Schmerzen denken muss und sich vielleicht entspannen kann, tragen wesentlich dazu bei, dass Patienten mit einem Restschmerz, der nicht durch Medikamente beeinflussbar ist, umgehen lernen oder noch stärkeren Schmerzen vorgebeugt werden kann. Diese Massnahmen sind wirkungsvoll, wenn sie kompetent und mit Erfahrung eingesetzt werden und wenn Patienten gut darüber informiert und davon überzeugt sind, dass sie helfen. Wichtig ist eine Anleitung und das Erlernen, z.B. einer speziellen Atemtechnik oder Entspannung, wenn der Schmerz nicht am stärksten ist. Diese Übungen ermöglichen es, die Körperwahrnehmung zu verändern, indem man sich beispielsweise auf das Atmen oder auf entspannte Regionen im Körper konzentriert. Der korrekte Einsatz von Hilfsmitteln und der Umgang damit - z.B. Gehstöcke, gepolsterte Stühle, Griffe in Reichweite - sind ebenso Strategien zur Vorbeugung von Schmerzen wie auch die Verhütung oder Behandlung von Nebenwirkungen der Medikamente, insbesondere von Verstopfung. Vorbeugung von Schmerzen kann auch bedeuten, darauf zu achten, dass Patienten gut schlafen können. Das Vermeiden von Lärm ist im Spital nicht immer einfach, eventuell ist ein Schlaftee oder ein Schlafmittel notwendig, damit der Patient schlafen kann. Dies kann die Schmerzempfindung mindern. Damit Patienten mit der Therapie zurechtkommen, auch wenn Pflegende nicht anwesend sind, z.B. zu Hause, benötigen sie eine ausführliche und mehrmalige Information, meist in schriftlicher Form mit graphischer Darstellung. Ebenso muss der Mythos Morphin direkt angesprochen werden, da dies Patienten oft nicht wagen. Es ist wichtig, dass sie über die Wirkungsweise der Medikamente und die möglichen Nebenwirkungen sowie die Massnahmen dagegen informiert sind.

Aufgabe der Pflegenden ist es auch, die ideale Verabreichungsform des Schmerzmittels zu finden. Heute gibt es so viele verschiedene Möglichkeiten, die nicht immer ausgeschöpft werden.

Die Linderung der Schmerzen muss schrittweise angegangen werden. Pflegende können darauf Einfluss nehmen, dass zuerst die stärksten Schmerzen mit der grössten Belastung behandelt werden. Kleine Schritte, d.h. kleine Ziele in der Schmerzlinderung, geben Hoffnung und Zuversicht. Meist ist es ein Vorgehen, bei dem zuerst die Erwartungen und Wünsche des Patienten geklärt werden müssen. Ziele müssen einen Sinn haben, sie müssen den Bedürfnissen und Erwartungen der Patienten entsprechen. Das kann bedeuten, zuerst schmerzfrei ohne Bewegung zu sein oder weniger Schmerzen nachts zu haben, dann weniger Schmerzen bei Bewegung, beim Gehen einiger, dann mehrerer Schritte etc. Es kann aber auch bedeuten, einfach ohne Schmerzen im Bett liegen und schlafen zu können. Manchmal müssen aber die Erwartungen auch der Realität angepasst werden, was wiederum ein schmerzhafter Prozess sein kann.

Eine weitere Möglichkeit zur Bewältigung von Schmerzen besteht darin, die Fähigkeiten des Patienten, die nicht schmerzabhängig sind, zu erkennen und zu erhalten. Dies kann bei vielen Kleinigkeiten bei der täglichen Pflege berücksichtigt werden. Sie fördern das Selbstwertgefühl und die Eigenständigkeit. Das Erleben chronischer Schmerzen kann bedeuten, in einer Krisensituation zu sein, bei der das Ende nicht absehbar ist. Eine Krise löst Gefühle aus, die Menschen normalerweise von sich selbst nicht kennen. Aggressionen, Empfindlichkeit, Beschuldigungen, Ambivalenz, aber auch Hoffnungs- und Sinnlosigkeitsgefühle bis zur Passivität und Depression sind Zeichen einer ernsthaften Krise. Deshalb ist es besonders wichtig, diese Menschen und ihre Angehörigen zu begleiten. Dazu gehört in erster Linie, die individuelle Wirklichkeit und das Erleben dieser Menschen zu respektieren. Dies bedeutet vor allem, nicht *über* sie zu reden, sondern *mit* ihnen. Begleiten bedeutet, den Patienten zu kennen und nicht nur etwas über ihn zu wissen. Begleiten heisst vor allem auch, sich sorgen um das Wohlergehen und sich dafür einsetzen. Es bedeutet, die Gleichgültigkeit ablegen, Menschlichkeit zulassen und emotional berührt sein. Dies ist gerade bei der Behandlung von Schmerzen zentral.

Käppeli (1994) hat dies klar ausgedrückt: "Pflegende sind nur gute Pflegende, wenn sie bereit und fähig sind, sich bewusst um die Sorgen und Nöte ihrer Patienten zu kümmern, für sie da zu sein, ihre Probleme mit ihnen zu tragen und ihnen nach Möglichkeit zu helfen, diese zu reduzieren. Pflege ist nur gut, wenn sie menschlichen Beistand beinhaltet: Sie sollen eine Haltung ausstrahlen, die den Patienten Vertrauen vermittelt. Sie sollen wissen, dass jemand für sie da ist, der auf eine professionelle Art und Weise handeln und entscheiden kann, wenn sie dies nötig haben."

Die Schmerzen sterbender Menschen verstehen lernen

Die Schmerzbehandlung wird dann besonders schwierig, wenn sich ein Sterbender nicht mehr verbal mitteilen kann. Dies löst bei uns eine grosse Unsicherheit aus, da wir uns auf andere Zeichen verlassen müssen. Wenn wir den Menschen gut kennen und natürlich wenn immer möglich die Angehörigen einbeziehen, ist es meist gut spürbar und sichtbar, ob Schmerzen erlitten werden oder nicht. Dies ist nur möglich, wenn die Atmosphäre im Zimmer spannungsfrei ist, wenn Abschied genommen werden konnte, wenn losgelassen werden kann. Gerade dies ist jedoch oft, aus welchen Gründen auch immer, nicht möglich gewesen oder nicht ermöglicht worden. Dieser Abschiedsschmerz und Kampf bringt Unruhe und Spannung, und es ist dann sehr fragwürdig, ob diese Situation mit Morphin behandelt werden soll.

Gutes tun und keinen Schaden zufügen sind ethische Fragen, die zu einem Dilemma führen können. Darum müssen wir immer wieder von neuem abwägen, was in der aktuellen Situation wirklich sinnvoll ist und Erleichterung bringt. Es gibt einige Punkte, die zu beachten sind und uns leichter die Gewissheit geben können, eine gute Schmerztherapie zu machen.

Sterbende Menschen sind vollwertige Menschen mit einem Empfinden und einer Meinung. Oberstes Ziel ist es, sie direkt fragen zu können, wie es ihnen geht und was sie benötigen. Dies setzt voraus, dass diese Menschen nicht sediert werden, nicht einfach ruhig gestellt werden, damit wir ruhiger sind. Eine Sedierung ist nur in ganz bestimmten Ausnahmesituationen sinnvoll, z.B. bei massiver Atemnot oder starker Verwirrung. Bei Bewusstsein bleiben heisst auch, zu klären, wieviel Flüssigkeit die Patienten brauchen. Die Tendenz, in den letzten Tagen und Stunden überhaupt keine Flüssigkeit mehr zu geben, ausser wenn der Patient trinken kann, wird wieder in Frage gestellt, da eine Dehydratation vor allem das Bewusstsein und die kognitiven Fähigkeiten trüben kann. Gutes tun kann in einer solchen Situation bedeuten, pro Tag z.B. 500ml Flüssigkeit subcutan zu verabreichen. Wichtig ist aber auch eine konsequente Mundpflege, die mit geeigneten

Stäbchen und einem Lieblingsgetränk durchgeführt wird. Schmerzen bei Sterbenden können Schmerzen im Mund sein oder bedingt durch das lange Liegen, durch Infusionen etc. Auch hier gilt es, wieder genau zu analysieren, zu fragen oder zu erahnen, was belastet, was schmerzt.

Schmerzmittel sind ein Grundpfeiler der Schmerztherapie. Pflege und Begleitung ohne diese Mittel wären wirkungslos, Schmerzmittel ohne Pflege und echte Begleitung, ohne Anteilnahme sind jedoch genauso unwirksam. Deshalb braucht es unbedingt beides, die Fachkompetenz und die menschliche Kompetenz in der Begegnung mit dem leidenden Menschen und seinen Angehörigen. Zentral ist für mich, den Menschen sein Leben so beenden zu lassen, dass es zu seinem Leben passt. Herauszufinden und herauszuhören, wer dieser Mensch in gesunden Zeiten war, was ihn prägte, was ihm wichtig war, ist für die Pflege von besonderer Bedeutung. Wir können sein Verhalten und seine Art verstehen lernen, was uns vor allem in schwierigen Situationen helfen kann. Das Leben und Sterben ist sehr individuell, und doch haben wir viele Gemeinsamkeiten. Dasein, dabei bleiben, sitzen bleiben und auch einmal persönliche Zeit dafür einsetzen, bringt nicht nur Sterbenden und ihren Angehörigen viel. Wir können für unser Leben sehr viel von schwerkranken und sterbenden Menschen lernen, wenn wir wachsam und offen sind, gerade auch gegenüber Schmerzen und Trauer. Behandeln und Pflegen auf diese Art und Weise ist eine Wissenschaft und eine Kunst. Dazu braucht es die Zusammenarbeit aller Beteiligten, die des gesamten Behandlungsteams und die des Patienten und seiner Angehörigen. Ich bin mir bewusst, dass dies alles uns nicht immer gelingt; ich hoffe aber, dass es uns immer öfter möglich wird.

Literatur:

Jungi, F.W.,
Chronische Schmerzen: Der informierte Arzt, Schweizerische Zeitschrift für moderne Therapie und Fortbildung, 2/1989

Käppeli, S.,
Ist gute Pflege Seelsorge? Referat am Bethanien Pflegesymposium, Zürich 1994

Kesselring, A.,
Die Lebenswelt der Patienten, Verlag Hans Huber, Bern 1996

McCaffery, M., Beebe, A.,
Pain: clinical manual for nursing practice/ Mosby Co., St. Louis 1989

Schweizerische Krebsliga,
Meinungsumfrage in der Bevölkerung über die Behandlungsmöglichkeiten von Krebsschmerzen, Bern 1996

Schweizerische Krebsliga,
Grundsätze der Schmerztherapie bei Krebs. Therapeutische Richtlinien für Fachpersonen, Bern, Göttingen, Toronto 1996

SEELISCHE SCHMERZEN ERKENNEN

Peter Fässler-Weibel

In meiner bisherigen langen Erfahrung habe ich immer wieder versucht, Schmerzen verstehen zu lernen. Nichts, aber auch gar nichts hat mich mehr gefordert als diese Aufgabe. Oft stand ich völlig hilflos und ohnmächtig einem Patienten gegenüber, verstand seinen Ausdruck nicht und sah bestürzt zu, wie sich sein Schmerzzustand verschlechterte. Medizinisch gesehen hatte er keine Schmerzen, trotzdem erlitt er unsagbare Schmerzen, die einzuordnen oder gar zu behandeln äusserst schwierig und komplex war. Auf dem Weg hin zum Tod erleidet jeder Patient tausend kleine, meist unsichtbare, in der Regel äusserst schmerzhafte Tode, verbunden mit unzähligen Verlusten, Reduktionen und immensen seelischen Schmerzen - ein Sterben in Raten. Es ist mir ein grosses Anliegen, diesem in der Regel nicht näher definierbaren Umstand vermehrt und kompetenter Rechnung zu tragen.

Ein 62jähriger Mann liegt nach mehrfacher Lungenoperation und diffusen Schmerzen, die seine Bewegungsfreiheit restlos eingeschränkt haben, im Bett des Krankenhauses. Bei meinem zweiten Besuch will er von mir wissen, ob ich ihm Medikamente besorgen könnte, die ihm helfen, diesen unwürdigen Zustand zu beenden. Diese direkte Anfrage zur Selbsttötung machte mich stumm. Eines wusste ich: Diesen Wunsch konnte ich ihm nicht erfüllen. Seine Frau sass ebenso betroffen neben dem Patienten. Sie verstand ihn, ich verstand ihn, und niemand konnte oder wollte ihm auf diese Art helfen. In den nachfolgenden Gesprächen zeigte sich, dass zwei Gründe zu dieser Anfrage führten:

- Der Patient konnte sich mit der Trennung von seinem zur Zeit im Umbau stehenden Einfamilienhaus nicht abfinden. Er wollte diesen Umbau miterleben. Er wollte zu Hause sein, traute sich indes nicht, diesen Wunsch zu äussern. Er fand keinen Weg, seiner Familie diese Belastung zuzutrauen. Er wusste keinen Ausweg aus dieser Sackgasse.
- Als vitale Persönlichkeit empfand er das inaktive Herumliegen als Schmach und Erniedrigung. Er setzte sich mit seinem Sterben auseinander. Es ging ihm zu langsam. Er wollte rasch sterben. Seine Situation bereitete ihm enorm Mühe. Mit niemandem hatte er bisher darüber reden

können. Der Wunsch zur Selbsttötung war letztlich nichts anderes als die massivste Form, auf sich und den unwürdigen Zustand hinzuweisen.

Bei diesem Patienten wusste ich nicht, welche Schmerzen grösser waren: die physischen oder die psychischen. Eines indes habe ich inzwischen gelernt: Diese beiden Schmerzfaktoren hängen eng miteinander zusammen. Die eine Seite beeinflusst die andere. Ich weiss nicht, welche Seite zuerst gewesen ist. Ich weiss nur, dass sich diese beiden Seiten ergänzen. Über die physische Schmerzentwicklung wissen wir heute schon recht viel und verfügen auch über beste Instrumente, sie zu behandeln. Was aber wissen wir über die psychische Seite des Schmerzes? Wie können wir ihr begegnen? Genügt es, wenn wir dem Patienten mitteilen, dass er halt lernen muss, damit zu leben? Klingt dies nicht wie ein Hohn von seiten der Schmerzfreien? Zeigen wir mit solchen oder ähnlichen Aussagen nicht, dass wir den Patienten in seiner Ganzheit gar nicht ernst nehmen? Weshalb wundern wir uns, wenn sich der Patient nicht verstanden fühlt? Ich werde nun anhand der nachfolgenden Punkte versuchen, dem seelischen Schmerz jene Bedeutung beizumessen, die es uns ermöglichen sollte, zukünftig den Patienten in seinem Schmerzausdruck ganzheitlicher wahrzunehmen.

Schmerzen

- **physische Schmerzen**

- **psychische Schmerzen**
  a) individuell
  b) dyadisch
  c) familiär
  d) sozial

Linderung

Ich unterteile die psychische Seite des Schmerzes in die Bereiche:

individuell
Ein wesentlicher Teil des seelischen Schmerzes umfasst die persönliche Auseinandersetzung des Patienten mit sich und seiner Situation. Diese individuelle Komponente erfährt eine lange Geschichte, geprägt von vielen Stationen, mit denen sich der Patient zu befassen hat. Die intrapsychische Auseinandersetzung vollzieht sich oft im Stillen und Verborgenen des Patienten. Selten erfahren wir die Inhalte in der ganzen Tragweite.

dyadisch
In der Begegnung mit der Partnerin/dem Partner zeigen sich schmerzliche Einschränkungen und

Verluste, die das Leben der Partner grundsätzlich verändern. Darüber wird oft nicht gesprochen, dieses Thema gilt als Tabu.

familiär

Das familiäre Beziehungsnetz erfährt grundlegende Veränderungen. Der kranke Patient hinterlässt in seinem familiären System Lücken. Es ist Aufgabe aller Mitglieder der Familie, sich mit diesen Lücken auseinanderzusetzen.

sozial

Schmerzhaft zeigt sich auch der Rückzug aus den sozialen Verpflichtungen. Oft wird diesem Umstand keine oder nur eine geringe Bedeutung beigemessen.

Ich möchte diesen vier wichtigen Bereichen jene Inhalte zuschreiben, die ich aufgrund meiner Beobachtungen im Umgang mit schwerkranken und sterbenden Patienten erfahren habe. Diese Auflistung erscheint erdrückend. Wichtig ist, dass wir in der Begegnung mit dem Patienten jene Sorgfalt walten lassen, die es uns und ihm ermöglicht, den tatsächlich vorliegenden Inhalten angemessen Rechnung zu tragen.

a) **Der individuelle Schmerz**

- Mobilität
- Vitalität
- Kreativität
- Integrität
- Identität
- Sozietät

- Auseinandersetzung mit den Reduktionen
- Abschiede durch die Verluste

Mobilität

Wir leben in einer Zeit grösstmöglicher Mobilität. Mobilität meint die Bewegungsfreiheit, die über weite Strecken im wahrsten Sinne des Wortes grenzenlos und uneingeschränkt gelebt und erlebt wird. Reisen, Erleben, Erfahren und vieles mehr gehört dazu. Mit Bewegungsfreiheit ist aber auch die Beweglichkeit schlechthin gemeint. Sich bewegen können heisst, Lage, Situation, Stellung, Ort nach eigenem Gutdünken verändern zu können. Schwerkranke Patienten verfügen nicht mehr über diese Entscheidungsfreiheit. Ihre Beweglichkeit reduziert sich auf 2,2 m^2 Bettfläche. Damit geht die motorische Form der Autonomie gänzlich verloren. Das freie Bewegen in der Natur, der Wohnung oder im Spital ist nicht mehr möglich. Der Patient erfährt Veränderungen, mit deren Auswirkungen er nicht gerechnet hat. Er kennt diese Auswirkungen in der Regel gar nicht. Oder wissen Sie heute schon, wie Sie reagieren, wenn

Sie nicht mehr aufstehen können? Aus der eigenen bisherigen Erfahrung weiss ich lediglich, dass ich persönlich mit diesem Gedanken sehr Mühe habe. Aggressionen, gehässige Aussagen oder leidvolles Zurückziehen sind mögliche Reaktionen darauf.

Vitalität

Die motorische Reduktion der Autonomie schlägt sich unmittelbar auf die Vitalität nieder. Die Lebenskraft, Lebensfülle, Lebendigkeit erfährt Blockierungen. Die Energie geht verloren. Ausdauer, Interessen, alles, was die Tatkraft und die Schaffenskraft ausgemacht hat, erfährt lähmende Veränderungen. Dies zeigt sich in ständiger Müdigkeit, Lustlosigkeit bis hin zu Teilnahmslosigkeit oder gar Gleichgültigkeit. Temperamentvolle Persönlichkeiten kennt man oft nicht wieder. Man diagnostiziert dann schwere depressive Störungen und behandelt medikamentös. Ich als Patient möchte jedoch die Wut in mir, bedingt durch den Verlust meiner Vitalität, ausleben dürfen. Und ich wünsche mir Menschen, die mir dabei helfen.

Kreativität

Ich beobachtete einen Pankreatitis-Patienten, einen Zeichenlehrer an der Mittelschule, wie er stundenlang mit dem Kohlestift und dem Zeichenblock reglos im Bett lag. Jemand hatte ihm in gutgemeinter Absicht empfohlen, seinen Zustand mit dem Ausüben seines Hobbys kreativ zu verändern.

Nun lag er da, alle Instrumente hatte er zur Verfügung, kein einziger Strich gelang ihm. Die Einschränkung der geistigen Kapazität durch das Beschäftigtsein mit sich selber und die sich daraus ergebende Blockierung übertragen sich unmittelbar auf die Kreativität. Ideen, Fantasien, Wünsche oder Vorstellungen werden zu Illusionen. Die Kreativität ist blockiert. Sie kann so lange nicht gelebt werden, wie diese Blockade andauert.

Integrität
Der schleichende Verlust der Gesundheit führt zum Ende der Unverletzlichkeit. Der stärker werdende körperliche Defekt lässt Zweifel an der Makellosigkeit des eigenen Körpers hochkommen. Man fühlt sich nicht mehr unberührt, unversehrt, heil, ohne Störungen funktionsfähig. Man ist verletzt, nicht mehr ohne Makel.

Identität
Das Grundgefühl zu sich selber erfährt negative Beeinträchtigungen. Es wächst eine Störung der inneren Befindlichkeit, des Vertrauens zu sich. Der Kranke trägt etwas "gegen sich" in sich. Das Vertrauen zu sich und seinen Kräften lässt nach. Man beginnt, sich weniger wert oder gar wertlos zu fühlen. Die als "Selbst" und oft eben als für sich typisch erlebte innere Einheit erfährt Reduktionen und dies führt zu einem Verlust des tiefen Vertrauens zu sich selber. Das Selbstwertgefühl geht verloren.

Sozietät
Durch den progressiven Krankheitsverlauf verliert der Patient den Kontakt zur ausserhäuslichen Gemeinschaft. Die Begegnung mit Gleichgesinnten kann nicht mehr vollumfänglich gelebt werden. Der Patient nimmt nur noch partiell am Geschehen teil. Es stellt sich ein Wandel der Interessen ein.

Auseinandersetzung mit den Reduktionen
Es ist die wohl schwierigste Aufgabe des Patienten, sich mit den deutlich sichtbar werdenden Reduktionen auseinanderzusetzen. Er spürt Veränderungen, mit denen er nicht zurechtkommt. Diese Veränderungen muss er aber erst wahrnehmen, lokalisieren, orten und in ein für ihn erträgliches System einordnen. Verluste sind primär immer negativ bewertete Elemente. Verluste lassen Veränderungen unumgänglich werden. Diese intrapsychische Veränderung führt zu einer persönlichen Auseinandersetzung, die der Betroffene oft still und leise für sich alleine zu bewältigen versucht. Der Umgebung sind diese Veränderungen in der Regel nicht zu verbergen, sie werden sichtbar, spürbar. Die Reaktionen des Patienten gelangen *immer* nach aussen.

Der Patient nimmt Abschied
Die Reduktionen führen unweigerlich zu gravierenden Verlusten. Durch die Wahrnehmung der Veränderung beginnt der Patient, sich mit seiner

neuen Situation auseinanderzusetzen, sie anzunehmen und als Teil des neuen Lebensabschnittes zu akzeptieren. Es erfolgen Abschiede von den bisher gelebten Konventionen und meist unreflektierten Verhaltensmustern. Abschied macht traurig und löst einen grossen, im voraus nicht definierbaren, individuellen seelischen Schmerz aus.

b) Der dyadische Schmerz

- Gewohnheiten
- Rituale
- Kommunikation
- Sexualität

- Neuorientierung durch Reduktionen
- Abschiede durch Verluste

Gewohnheiten

In paardynamischer Hinsicht zeigen sich die Veränderungen sofort und in gravierender Form. Oft gelebte und gepflegte Gemeinsamkeiten des Alltags (wie Spaziergänge oder Gartenarbeit usw.) oder Automatismen wie fest vereinbarte Arbeitsabläufe im Haushalt und andere eheliche Konventionen werden aufgelöst. Der Rasen wird nicht mehr selbstverständlich gemäht, das Laub im Herbst bleibt liegen. Der bettlägrige Patient weiss um diese Arbeiten, die er nun nicht oder nicht mehr verrichten kann. Die Sorge darum lässt ihn oft des Nachts wach liegen. Anweisungen seinerseits an die Angehörigen werden von diesen oft ignoriert oder bagatellisiert. Auch alle Aktivitäten nach aussen (Besuche von Theatervorstellungen, Kino, Konzerte usw.) erfahren einschneidende Veränderungen. Liebgewonnenes muss zurückgelassen werden.

Rituale
Erstaunlicherweise leben viele Paare bedeutend mehr Rituale, als sie wahrhaben wollen. Dazu gehören das gemeinsame Essen, Kaffeetrinken, Schlafengehen, die Festlichkeiten wie Feiern von Geburtstagen, Namenstagen, Einladungen, Feiertagen usw. Wieviele gelebte Traditionen gibt es in Ihrer Beziehung? Was würde sich bei Ihnen ändern? Welche Aktivitäten, Gewohnheiten, Rituale würden eine Veränderung erfahren? Wie denken Sie, würden Sie darauf reagieren?

Kommunikation
Das partnerschaftliche Gespräch erfährt eine empfindliche Reduktion. Bedingt durch die meist unterschiedlichen Standpunkte, die oft schon vor der Erkrankung über lange Zeit bestanden haben, und die durch den Krankheitsverlauf beeinflusste unterschiedliche Entwicklung wächst eine Sprachlosigkeit, die sich unübersehbar bemerkbar macht. Das Kommunikationsverhalten beschränkt sich nur allzuoft auf hoffnungsvolle oder positive Gesichtspunkte. Themen wie Schmerzen, Sterben, Tod, Trauer und dergleichen werden ausgeklammert, tabuisiert. Es entsteht ein gegenseitiges Sich-Ver-

schonen. Hinzu kommt, dass das Mitteilen von Gefühlen, Ängsten, Sorgen und Nöten (ein zu gesunden Zeiten schon sehr schwieriges Unterfangen) gänzlich ausbleibt. In kommunikativer Hinsicht entsteht eine gigantische Isolation der Emotionen. Dies zeigt sich später während des Sterbens des Patienten in Form einer kaum aushaltbaren Stille und eines langen, stummen Wartens auf den Tod. Die tabuisierte emotionale kommunikative Beziehung führt zur Trennung des Paares. Damit wächst die Isolation - ein äusserst schmerzlicher Prozess auf dem Weg zum Sterben.

Sexualität

Damit verbunden sind gravierende Verluste in den Bereichen der Zuneigung, Zuwendung, Zärtlichkeit, Sexualität. Die anfänglich gezeigte Zuneigung zum Patienten nimmt im Verlaufe der Zeit immer mehr ab. Die eigenen Alltagssorgen, Konflikte um oder mit dem Patienten oder seine intensive Betreuung durch die Angehörigen brauchen viel Energie. Die Kräfte schwinden zunehmend. Aus Zuwendung kann Pflicht werden. Ich hoffe, dass niemand mehr glaubt, dass solche Veränderungen für den Patienten weder sichtbar noch spürbar sind. Im Gegenteil: Die Wahrnehmung des Patienten ist derart geschärft, dass ihm die kleinsten Veränderungen nicht entgehen. Die Gestik oder Mimik wird genaustens beobachtet. Die Lust nach Sexualität ist bei terminal erkrankten Patienten bescheiden, wenn nicht sogar inexistent.

Mit Sexualität meine ich hier Geschlechtsverkehr. Dieser ist schon aus Gründen des fehlenden Persönlichkeitsschutzes in den Kliniken fast undenkbar. Zudem führt der Verlauf der Erkrankung zu jener Beschwerlichkeit, die Sexualität ausklammern lernt. Zwischen Zuneigung, Zuwendung und Sexualität liegt Zärtlichkeit. Aus paartherapeutischer Erfahrung weiss ich, wie fragmentarisch Zärtlichkeit gelebt und eben nicht gepflegt wird. In gesunden Zeiten wird Zärtlichkeit oft nur als Mittel zum Erreichen eines Zieles, nämlich des Geschlechtsverkehrs, missbraucht. Zärtlichkeit ist indes ein eigener Lebensbereich, eine eigene Disziplin, die absichtslos in den Alltag eines jeden Menschen integriert gelebt werden sollte. Zärtliche Begegnungen sind Begegnungen in Liebe. Sie zeigen sich in den kleinen, bescheidenen Formen der Zuwendung im Alltag. Ein liebes Wort, eine hilfreiche Handbewegung, das anschmiegsame Drükken, einander streicheln oder die Hände halten, sich umarmen, liebkosen, küssen, über die Haare fahren und vieles mehr sind jene Ausdrucksformen, die auch bei schwerer Erkrankung gelebt werden können. Im offenen und ehrlichen Gespräch über die Wünsche und Bedürfnisse des Patienten können jene Wege gefunden werden, die trotz krankheitshalber Einschränkung gelebt werden können. Weshalb werden so viele Patienten vom Pflegepersonal gewaschen und anschliessend eingecremt? Sind das nicht auch Formen jener Zärtlichkeit, die eigentlich zwischen Angehörigen und Patienten gepflegt werden sollten? Könnte vielleicht auf diese Weise die schlummernde Zärtlichkeit geweckt werden? Hungern nicht beide Teile: Patient und Angehörige? Der Verlust der Sexualität, die Abnahme der Lust nach Zärtlichkeit führt zu einer partnerschaftlichen Distanz, die im kommunikativen Verhalten besonders deutlich spürbar wird.

Die in der Zweierbeziehung erlebten Reduktionen führen zu einer Neuorientierung in der Beziehung. Diesen Prozess erlebe ich immer als sehr schmerzhaft. Schleichend und langsam entfremden sich Menschen, die einander einmal recht viel zu sagen hatten. Die Zweierbeziehung wird sich den Veränderungen stellen müssen. Die Reaktionsweisen der Partnerteile sind unterschiedlich, je nach Entwicklung anders, hilfloser, zum Teil aggressiv oder rigid (starr). Spezielle Themen werde nur allzugerne ausgeklammert, umgangen oder einfach ignoriert. Der Patient verwendet, falls er über etwas ihn Belastendes reden will, Metaphern, Träume oder Geschichten. Mit den partnerschaftlichen Veränderungen wird das Beziehungsnetz des Patienten kritisch. Ihm nahestehende Personen (oft die nächsten) reagieren für ihn nicht mehr adäquat (angemessen, angepasst). Es erfolgt ein innerer Rückzug, und damit entsteht eine fatale Distanz zur Beziehung. Die Verluste, die wahrgenommen werden, provozieren Formen des Abschieds. Ist es verständlich, wenn dadurch das Gefühl entsteht, nicht mehr geliebt zu werden? Ist nachvollziehbar, wenn viele Patienten den Eindruck erhalten, die Angehörigen könnten ohne sie besser leben? Muss darauf nicht mit Aggression reagiert werden? Ist empfindbar, mit welchen seelischen Schmerzen solche Veränderungen verbunden sind?

c) Der familiäre Schmerz

- Allianzen
- Koalitionen
- Position
- Einfluss

- Rückzug durch die Reduktionen
- Abschied aus den Beziehungen

Allianzen

Als Allianzen werden Vereinigungen oder Verbindungen umschrieben, die temporären Charakter aufweisen, für die einzelnen in diesem Bündnis stehenden Personen jedoch von grosser Wichtigkeit sind. In jeder Familie existieren solche Allianzen zwischen einem Elternteil und einem oder mehreren Kindern. Ich erlebte einen Mathematik-Professor, der seinem Sohn in der Mittelschule Nachhilfeunterricht erteilte. Sein ganz grosses Problem bestand darin, dass er der Meinung war, sein Sohn würde ohne diese Unterstützung die Maturaprüfung nicht bestehen. Der Krankheitsverlauf liess eine weitere Unterstützung durch den Vater nicht mehr zu. Während drei Gesprächen war dieser Umstand das grösste Problem des Vaters. Ich spürte das Ausmass des Schmerzes, für sein Kind nicht mehr dasein zu können.

Koalitionen

Etwas schwieriger zeigt sich das Problem der Koalition in der Familie. In vielen Familien liegen solche Bündnisse einzelner gegen andere Mitglieder der gleichen Familie vor. Unreflektierte Nähe führt zu einer schwierigen Familienstruktur. Durch die Krankheit wird der Einflussbereich des Koalitionspartners äusserst gering. Die bisher erfahrene Unterstützung fällt weg. Das Bündnis kann auseinanderbrechen, verliert aber auf jeden Fall an Gewicht. Dies führt zu einer Neudefinition der Beziehungsstruktur innerhalb der Restfamilie. Als überzählig scheidet der Koalitionspartner nach dem Tod aus. In diesem Umstand finden sich Familienzwistigkeiten oft über Generationen hinweg begründet.

Position

Unbestrittenermassen verändert sich die Position des Kranken innerhalb seines familiären Beziehungsnetzes grundlegend. Die Handlungseinschränkung hinterlässt eine Lücke, die vorerst nicht geschlossen werden kann. Der Patient kann seine Position innerhalb der Familie nicht mehr halten. Er muss sie aufgeben und die Familie sich selber überlassen. Sein Einfluss nimmt ab. In manchen Familien wird ihm diese Position sogar strittig gemacht. Der Patient bereitet sich auf einen Rückzug aus dem aktiven intrafamiliären Handlungsspielraum vor.

Einfluss

Damit kann er an Einfluss auf die anderen Familienmitglieder verlieren. Durch die Tabuisierung der Rolle oder Position entsteht oft ein hilfloser Kampf um diesen Einfluss. Die schlechteren Karten liegen eindeutig beim Patienten, der letztlich froh darüber sein kann, wenn er noch angemessen informiert wird. Natürlich kennen wir auch die gegenteilige Tendenz, die sich in einem restlosen autoritären Strukturieren des Familiengeschehens durch den Patienten zeigen kann. Der Patient weiss aber, dass sein Einfluss begrenzt ist.

Die Veränderungen im familiären Kontext ermöglichen Neuorientierungen der gesunden oder schmerzfreieren Familienmitglieder. Der Patient wird in seiner Rolle als immobiler Mitmensch nur noch bestimmte Funktionen verbal oder nonverbal zugesprochen erhalten. Sein Rückzug in sich selber kann ihm die letzte mögliche Autonomie gewähren. Dies zeigt sich in Form von Verweigerung, verstärkter Aggression, Trauer usw. Nicht selten stellen wir psychische Veränderungen beim Patienten nach dem Besuch bestimmter Familienmitglieder fest. Der Rückzug aufgrund erlittener Verluste führt zu schmerzhaften Reduktionen innerhalb des familiären Umfeldes. Der Patient beginnt, sich langsam aus diesen Beziehungen zu verabschieden.

d) Der soziale Schmerz

- Beziehungsnetze
- Arbeitsfelder
- Interessengruppen

- Aufgabe durch Reduktionen
- Abschiede durch Verluste

Beziehungsnetze

Freundschaftliche Beziehungen zeigen, was sie wert sind, wenn sie wirklich gebraucht werden. Und gebraucht werden sie in Zeiten der Not wie jener der Krankheit. Doch viele Freunde bestehen diese Prüfung nicht. Für den Patienten ist es äusserst schmerzhaft zu sehen, wer auch in dieser schwierigen Zeit zu ihm steht und ihn begleitet und wer nicht. Oft reduziert sich der wirkliche Freundeskreis auf weniger als 10% von dem, was zu gesunden Zeiten als *Freund* bezeichnet wurde. Das Gefühl, vergessen zu werden, unbeachtet zu bleiben, ist sehr schmerzhaft.

Arbeitsfelder/Interessengruppen

Durch die Krankheitsentwicklung stellt sich ein Verlust von Funktionen in lebenserhaltenden Tätigkeitsgebieten wie Arbeit, Hobby, Sport, Gemeinschaft, Kirche usw. ein. Anfänglich zeigt sich dieser Verlust punktuell. Es wird den Prioritäten entsprechend gehandelt - Unbedeutendes wird zuerst aufgegeben. Als letzte Bastion wird die Einschränkung der eigenen Interessengruppierungen erlebt. Persönliches wird solange wie nur möglich aufrechterhalten. Der Patient lernt indes schon bald, mit den teilweisen Reduktionen und Einschränkungen recht und schlecht zu leben. Er gibt nur auf, was zwingend erscheint. So erlebte ich den Präsidenten einer Schiessvereinigung, der die nächste Generalversammlung akribisch vorbereitete. Keiner der Schützen mochte ihm erklären, dass diese Versammlung ohne ihn und ohne sein Dazutun stattfinden werde. Man liess ihn vielmehr gewähren und organisierte sich hinter seinem Rükken. Als er den Vorstand zu sich ans Krankenbett berief und die Vorbereitungen besprechen wollte, erfuhr er durch eine Indiskretion vom "Schattenkabinett", wie er sich spontan auszudrücken pflegte. Seine Enttäuschung war riesig. Mir schien, als habe ihm diese Information den letzten Rest der Selbstachtung, des Stolzes und Lebenswillens genommen. Zwei Tage später war er tot.

Im sozialen Gefüge werden Beziehungsmuster oft zuerst aufgelöst. Am Arbeitsplatz, in Hobbygruppen usw. wird die Position des Patienten rasch durch andere Kräfte ersetzt. Gefühle der Unersetzbarkeit sind meistens Ausdruck von intrafamiliären oder dyadischen Problemstellungen. Hier wenigstens erlebt man noch Akzeptanz, Achtung.

Hier wird man noch gebraucht, ist man noch jemand. Das Aufgeben der sozialen Beziehungsnetze führt zu einer Ernüchterung. Mit ihr verbunden sind oft Gefühle der Einsamkeit, Isolation, Ohnmacht, Wut und Trauer.

Der Patient hat von all dem Abschied zu nehmen. Dafür benötigt er unendlich viel Zeit während seines Krankheitsverlaufes. Verstehen wir diese Schmerzsequenzen wirklich? Sind wir in der Lage, das tatsächliche Ausmass des Schmerzes zu erkennen und zu erfassen? Welche Komponenten bringen denn wirkliche Linderung?

Linderung

- Adäquate Medikation
- Ernstnehmen der Gefühle
- Verständnis für die Reduktionen
- Verständnis für die Verluste
- Annehmen der Auseinandersetzung
- Hilfe bei der Suche nach Neuorientierung
- Zulassen der Abschiedstrauer

Adäquate Medikation
Grundsätzlich und auch als erstes gilt immer: Jeder Patient hat ein Anrecht auf eine qualifizierte schmerztechnische Versorgung. Diese zeigt sich in der Art der Medikation und des Umganges am

Pflegebett. Wir verfügen heute über beste Produkte und über Personal, welches bereit ist, mit diesen Produkten verantwortungsbewusst umzugehen.

Ernstnehmen der Gefühle

Schmerzempfindungen sind immer gepaart mit körperlichen und seelischen Problemstellungen. Führt die ordentliche Medikation nicht zum erhofften Erfolg, so kann es durchaus sein, dass dem seelischen Anteil grössere Bedeutung beigemessen werden muss. Die Gefühle des Patienten, die für ihn vordergründiger sind, als sie erscheinen, müssen Priorität erhalten. Mit dem Ernstnehmen dieser Gefühle nehmen wir den Patienten als Menschen in seiner Ganzheit ernst. Zugegeben, es ist oft unheimlich schwierig, an diese Gefühlswelt heranzukommen. Es muss aber unsere Aufgabe sein, neben dem körperlichen Schmerz auch dieser Welt des gefühlsorientierten Schmerzes Beachtung zu schenken.

Verständnis für die Reduktionen und Verluste

Die Definition seitens des Patienten bezüglich seiner Verluste und Reduktionen dürfen subjektiv sein. Auch wenn sie so keineswegs zutreffen: der Patient hat ein Recht auf seine subjektive Sichtweise. Es gibt kein Recht auf eine erzwungene Objektivierung. Der Patient wird erst die Schwere seiner Aussagen vermindern, aufheben oder bagatellisieren, wenn er spürt, in seinem Ausdruck verstanden worden zu sein. Erst dies führt zu weiteren Besprechungen über seine schwierige Situation, in der er sich befindet. Er erfährt Vertrauen, zeigt Zutrauen und Mut, die anderen Fragestellungen gleichfalls anzupacken.

Annehmen der Auseinandersetzung
Ausdrucksformen wie Aggression, Destruktion, Zerstümmelungen usw. weisen auf eine gigantische Notlage hin. Das Umfeld hat die Art des Ausdrucks des Patienten vorerst anzunehmen. Erst dieser Schritt ermöglicht es ihm, die eigene Situation annehmen zu lernen. Dieses Annehmen führt zur Objektivierung seinerseits. Objektiv kann werden, wer sich solidarisch gestützt fühlt. Solidarisch ist, wer Nähe und Verständnis erfährt und erlebt.

Hilfe bei der Suche nach Neuorientierung
Grundvoraussetzung dazu ist Vertrauen! Intellektuelle, rationale Suche eines möglichen Weges, bei dem alle Varianten aufgelistet werden, scheitert, wenn die Seele dahinter nicht spürbar wird. Eine Neuorientierung kann erst nach erfolgter Auseinandersetzung mit dem bisher Erlebten und Gelebten erfolgen. Szenarien sind dabei oft sehr hilfreich. Das Sich-Vorstellen der schlechtesten aller möglichen Varianten erfordert bereits viel Kreativität. Dasselbe lässt sich von der besten aller möglichen Varianten sagen. Baut man diese beiden Extreme zusammen, so lässt sich oft ein Mittelweg finden, der für den Patienten lebbar ist.

Dieses realistische Szenario hilft allen Beteiligten. Das Finden dieses Weges ist aufwendig. Vergleiche ich aber die zwischenmenschlichen Probleme, die durch unsachgemässe Begegnungen entstehen, so sind sie viel aufwendiger als jene Wege, die uns deshalb Kopfzerbrechen bereiten, weil wir nicht mehr wissen und vor allem nicht alles besser wissen als der Patient. Solange der Patient lebt, ist er als vollwertiges, wenn auch eingeschränktes Mitglied dieser Gesellschaft zu betrachten. Er ist weder arrogant, bevormundet, noch psychisch krank und schon gar nicht handlungs- oder entscheidungsunfähig.

Zulassen der Abschiedstrauer

Stützen, Zuneigung zeigen, Zuwendung, Empathie und Zärtlichkeiten schenken sind Dinge, auf die der Patient *nie* verzichten kann. Es ist sorgfältig herauszuhören, wer aus seiner näheren Umgebung zur persönlichen Begleitung herangezogen werden kann. Ein enges Bündnis in diesem kranken System, in dem wir begleitend eine wichtige Funktion zugeschrieben erhalten, führt dazu, dass wir alle gemeinsam am gleichen Ende des Strickes ziehen.

Der schwerkranke und sterbende Patient erleidet nicht nur Schmerzen, die medizinisch behandelt werden müssen. In seiner seelischen Not erfährt er schrittweise Reduktionen in seiner persönlichen Freiheit, gravierende Einschnitte seiner Handlungsfähigkeit und Verluste, mit denen er sich auseinanderzusetzen hat. Diese Schmerzen zu erkennen erfordert viel Einfühlungsvermögen, eine hohe Bereitschaft zur Begegnung, den Mut zur Aussprache mit dem Patienten und die Fähigkeit, seine Ausdrucksweisen zu verstehen. Diese Art, Schmerzen zu lindern, verhilft ihm zu einem qualifizierten Leben, auch auf dem Weg zum Sterben. Es muss unsere Aufgabe sein, diesem Schmerz eine gewichtige Rolle zuzuschreiben. Ich wünsche mir viele Menschen, die den Mut haben, mit den Patienten zusammen diesen beschwerlichen Weg zu gehen.

FALLSTUDIE

Peter Fässler-Weibel

Im Verlaufe der Krankheitsentwicklung meiner Mutter wuchs eine schonungslose und offene Begegnung mit ihr. Anhand einer gemeinsam erarbeiteten Checkliste verringerte sich ihre Angst vor den Schmerzen auf dem Weg hin zu ihrem Sterben. Die bewusste Begegnung und das Wissen um die Möglichkeiten zur Bekämpfung der körperlichen Schmerzen wie auch die Gewissheit, in der seelischen Not nicht allein gelassen zu sein, führten schlussendlich zu einem Sterben, das trotz Darmverschluss zu Hause im Kreise ihrer Angehörigen erfolgte.

Ich möchte diese Stationen noch einmal durchschreiten und jene Ereignisse besprechen, die mir im Rückblick als wichtige und zentrale Einheiten auf diesem Weg erscheinen.

1. Beobachtungen im Vorfeld

Eigentlich begann alles im Sommer 1994. In unserer nächsten Umgebung wurde eine Dreizimmerwohnung frei, die meinen Eltern schon immer sehr gefallen hatte. Sie lag auf der andern Strassenseite, just gegenüber unserem Haus. Es war eine sonnige Wohnung im Erdgeschoss.

Seit längerem schon klagten meine Eltern über das mühsame Treppensteigen. Sie bewohnten eine 4 ½-Zimmerwohnung im zweiten Stock, ohne Lift, und dies schon seit 46 Jahren. Nach intensiven Diskussionen entschieden sie sich, die gewohnte Umgebung zu verlassen und in unsere Nähe zu ziehen. Wir Söhne organisierten das Zügeln und entlasteten unsere Eltern dabei. Als Umzugstermin wurde der 1. Dezember 1994 gewählt.

Anfangs November klagte meine Mutter zunehmend über diffuse Bauchschmerzen. Ihr Hausarzt überwies sie ans Kantonsspital, um einen Ultraschall vorzunehmen. Ich begleitete sie auf diesem Weg. Auf dem Monitor war im Bereich der Leber ein orangengrosser Tumor erkennbar. Er wurde punktiert, und gleichzeitig ordnete man eine Computertomographie an, die noch am gleichen Nachmittag durchgeführt wurde.

Während meine Mutter im CT-Raum lag, sass ich zusammen mit dem Radiologen am Bildschirm. Bild um Bild zeigte ein erschreckendes Ausmass eines verheerenden Tumors im Bauch. Klanglos kommentierte der Radiologe die Bilder und erklärte mir, dass dies ein Ovarialkarzinom (Eierstockkrebs) in fortgeschrittenem Stadium sei. Therapeutisch sei hier nicht mehr viel zu machen. Ich verstummte und erkannte die Tragweite dieser ehrlichen Information. Es war Freitagnachmittag, und am kommenden Wochenende feierte meine Mutter ihren 75. Geburtstag. Nach der Untersuchung wollte sie von mir wissen, was das sei, was sie in ihrem Bauch habe. Ausweichend gab ich ihr zur Antwort, dass die Bilder noch detailliert ausgewertet werden müssten und zudem die Laborwerte noch nicht bekannt seien. Wir vereinbarten einen weiteren Untersuchungstermin beim Hausarzt auf anfangs kommender Woche. Meiner Mutter genügten diese Auskünfte. Sie konzentrierte sich auf ihren Geburtstag.

Zuhause erzählte ich meiner Frau, was ich gesehen hatte und aufgrund meines Gespräches mit dem Radiologen bereits wusste. Wir vereinbarten, diese Erkenntnisse über das kommende Wochenende als Geheimnis zu wahren und das Arztgespräch abzuwarten. Meine Mutter feierte ihren 75. Geburtstag in guter Stimmung.

Bis zu diesem Zeitpunkt zeigte sie Verhaltensweisen, die erste Hinweise auf eine körperliche Veränderung ergaben. In physischer Hinsicht war ihr praller Bauch auffällig. Sie klagte über Appetitlosigkeit und verlor an Gewicht. Ihr Gang war schleppend, stark verlangsamt. In psychischer Hinsicht waren ihre Lustlosigkeit, ihr Unmut, ihre Müdigkeit auffällig. Sie ertrug wenig, zeigte andererseits einen sarkastischen Humor, der für uns Angehörige recht schwer zu verstehen war. Nach ihrer Geburtstagsfeier also galt es, sie über das Ausmass ihrer Erkrankung zu informieren und gleichzeitig die letzten Vorbereitungen für den Umzug zu treffen.

2. Information und Therapie

Auf ausdrücklichen Wunsch meiner Mutter erfolgte die Information in Anwesenheit meines Vaters, meiner Frau und mir. Der Arzt informierte einfühlsam, sorgfältig und bestätigte anhand der CT-Bilder folgende Diagnose: Ovarialkarzinom als Primärtumor in fortgeschrittenem Zustand, Peritonealkarzinom (Bauchfellkrebs) als Sekundärtumor. Die Bilder liessen keinen Zweifel an der Aussage offen, dass als Therapie lediglich eine Chemotherapie als Palliativtherapie (Therapie zur Linderung des Schmerzes) zur Anwendung gelangen könnte. Für meine Mutter entsprachen diese Informationen einem Hammerschlag. Es begann ein schmerzhafter Prozess zwischen Annehmen und Verdrängen. Fragen wie "Wozu zügeln wir noch?" vermischten sich mit Aussagen wie "Hoffentlich geht alles schnell!" oder "Nach der Operation kann ich sicher besser laufen". Mein Vater schwieg. Mir schien, als wollte er uns nicht glauben. Wir vereinbarten beim Arzt einen weiteren Termin, um über die Art der Therapie zu entscheiden. Ich übernahm die Aufgabe, meine beiden Brüder zu informieren.

Für die Information meiner Brüder wählte ich die Form des Konferenztelefongesprächs. Durch diese Gesprächsart wird es möglich, alle Betroffenen gleichzeitig und mit dem gleichen Inhalt zu informieren. Beide Brüder reagierten je unterschiedlich und auf ihre Art mit grosser Betroffenheit. Uns allen wurde bewusst, dass das letzte Lebensjahr der Mutter begonnen hatte. Wir entschieden, folgende Verantwortlichkeiten aufzuteilen: Für den Umzug übernahm mein ältester Bruder die Hauptverantwortung. Der jüngere Bruder kümmerte sich um die Einrichtung der neuen Wohnung, und ich übernahm die Verantwortung für die medizinischen Belange. Unsere Frauen unterstützten uns dabei tatkräftig. Gleichzeitig vereinbarten wir, dass alle weiteren Informationen aus nachfolgenden Untersuchungen jeweils per Konferenztelefongespräch weitergegeben werden sollten. Für die Eltern war dieses Vorgehen entlastend.

So verwunderte es keinen, dass sich Mutter zu einer Chemotherapie entschloss, im Bewusstsein, dass diese Therapie nicht heilenden, sondern nur noch lindernden Charakter aufwies. Die Zeit zwischen Januar und September 1995 erlebte sie ausgesprochen gut, auf jeden Fall bedeutend besser als die gleiche Zeitspanne des Vorjahres. Ihre Lustlosigkeit, Müdigkeit und ihr Unmut waren gewichen. Sie nahm vitalen Anteil am Leben. Erstaunlicherweise zeigte sie keine Akklimatisationsprobleme in der neuen Wohnumgebung. Sie lebte sich rasch und gut ein. Ihre psychische Stabilität liess sie einen guten Sommer verbringen.

Anfang September erhielt sie die letzte Chemotherapie. Sie ertrug sie nicht sonderlich gut. Trotzdem erholte sie sich relativ rasch, begann jedoch ernsthafte Gedanken über die nun folgenden Monate anzustellen. Sie formulierte Angst vor Schmerzen. Ihr erklärter Wunsch war es, keine Schmerzen erleiden zu müssen. Wir hörten diesen Wunsch, konnten ihr in der damaligen Phase jedoch keine Garantien abgeben. Allerdings konnten wir sie insofern beruhigen, als dass wir ihr versprachen, mit ihr zusammen eine Therapie zu wählen, die sie möglichst schmerzfrei hielte. Ich legte ihr ein Exemplar des Patienten-Testamentes und der Patienten-Verfügung der Stiftung "Begleitung in Leid und Trauer" zur Information hin. Wir vereinbarten, uns in den nächsten Wochen dieser Dokumente anzunehmen. Während der nächsten zwei Wochen blieben das Patienten-Testament und die Patienten-Verfügung unangetastet liegen.

Der letzte Sonntag im September wurde für unsere Familie und die Beziehung zu meiner Mutter etwas ganz Besonderes. Unser Sohn Beat erhielt von uns zu seinem zwanzigsten Geburtstag einen Gutschein für einen Tandem-Fallschirmabsprung. Dieser Sprung wurde auf Ende September geplant. Die ganze Familie nahm Anteil, wobei die ältere Tochter und ich spöttelnderweise meinten, ihn bei diesem folgenschweren Sprung ins erwachsene Erwerbsleben begleiten zu müssen. So kam es, dass im Flugzeug genügend Platz vorhanden war und sowohl die ältere wie auch die jüngere Tochter und ich uns spontan entschlossen, mit ihm zusammen aus dem Flugzeug zu springen. Ein Platz neben dem Piloten war noch zu vergeben. Meine Eltern hatten sich zeitlebens gegen das Fliegen gewehrt. So glaubte ich nicht, dass einer der beiden davon Gebrauch machen würde: Irrtum, wie die Geschichte lehrte. Meine Mutter entschied sich kurzerhand, diesen Sitzplatz einzunehmen. Ich denke noch oft an das kuriose Bild einer todkranken, in ein Flugzeug kletternden und mit einem Notfallschirm ausgerüsteten Frau. Sie nahm Platz und genoss den Flug in vollen Zügen. Kitschiger hätte die Stimmung nicht sein können. Im Westen erlosch die rot glühende Herbstsonne, und im Osten stieg ein heller Vollmond am Himmel auf. Unter uns zogen Nebelschwaden wie weisslich-gräuliche Wattebäuschchen über die Felder. Es begann langsam Nacht zu werden.

In dieser Stimmung sprangen ihr Sohn und ihre drei Enkelkinder vor ihren Augen aus dem Flugzeug - hinab ins Unendliche zwischen Himmel und Erde. Wir liessen sie im Flugzeug zurück. Für mich war es mein Abschied von ihr.

3. Krankheitsentwicklung

Überraschenderweise mussten wir die Mutter wegen einer Pleurodese (Verklebung der inneren Wände des Brustkorbes) hospitalisieren. Sie verbrachte zwei Wochen im Spital. Diese Zeit erlebte sie als sehr schlecht. Sie entschied sich daraufhin auch, sich nie wieder hospitalisieren zu lassen, egal was auch immer mit ihr geschehen möge.

Ich erlebte eine gebrochene Mutter, an ein Spitalbett gefesselt, weg von ihrem Umfeld, in dem sie sich recht rasch wohl und heimisch gefühlt hatte. Ihr fehlte täglich Molli, die Katze, zu der sie ein äusserst spezielles Verhältnis unterhielt. Meine Frau, meine Kinder und ich hatten meiner Mutter zu ihrem siebzigsten Geburtstag eine Katze aus einem privaten Tierheim geschenkt. Sie wünschte sich schon immer eine Katze. Mein Vater war konsequent dagegen, meine Brüder fanden diese Idee nicht zwingend unterstützungswürdig. Im schlechtesten Falle hätten wir sie wieder übernommen. Doch es kam ganz anders. Zwischen meiner Mutter und dieser Katze entwickelte sich ein sehr enges Verhältnis, mein Vater gewöhnte sich daran, und die Brüder fanden diese Idee nachträglich sehr gut. Diese Katze fehlte ihr. Sie legte sich beim Mittagsschlaf nicht mehr an ihre Seite, und - was viel wichtiger war - die Mutter hatte niemanden mehr, den sie umsorgen konnte. Die Sorge um die Pflege dieser Katze beschäftigte die Mutter vollends. Der Zeitpunkt war jetzt gekommen, die Patienten-Verfügung und das Patienten-Testament definitiv zu bearbeiten. Als persönliche Erklärung hielt sie in ihrer Patienten-Verfügung (Formular der Stiftung "Begleitung in Leid und Trauer", Winterthur) folgendes fest:

Hiermit erkläre ich, Fässler-Benz Rosa, Zielstr. 6, 8400 Winterthur, dass ich in bezug auf den weiteren Verlauf meines Lebens nachfolgende Regelung getroffen habe. Sie bezieht sich auf den Fall, dass ich gesundheitlich nicht in der Lage bin, klare Entscheidungen zu treffen und/oder mich meiner Umgebung verständlich mitzuteilen.

1. *Solange nach medizinischer Erkenntnis Aussicht auf Erholung aus diesem Zustand besteht, will ich nach geltenden Regeln der Medizin behandelt werden.*

2. *Ich akzeptiere Eingriffe, die zur Genesung oder Erholung unerlässlich sind und zur Durchführung einer schonenden und humanen Pflege eine Notwendigkeit darstellen.*

3. *Ich wünsche eine Therapie, die mich schmerzfrei hält, auch wenn dies mit gewissen Risiken verbunden ist.*

4. *Besteht keine Aussicht auf Erholung, soll auf lebensverlängernde Massnahmen verzichtet werden.*

5. *Führt der Verlauf meiner Krankheit unweigerlich zu meinem Sterben, so wünsche ich, zu Hause sterben zu dürfen.*

6. *Weitere Wünsche habe ich in meinem Patienten-Testament formuliert. Sie sind zu beachten.*

7. *Eine Kopie dieser Erklärung liegt beim Hausarzt, zu Hause und bei den drei Söhnen. Diese Personen sind in jedem Fall zur Entscheidungsfindung im Sinne meines persönlichen Anwaltes beizuziehen.*

Mit handgeschriebenem Datum und eigenhändiger Unterschrift wird dieses Dokument besiegelt.

Nach dem Unterzeichnen dieser Verfügung weinte sie. Ihr wurde jetzt bewusst, dass sie damit den Beginn ihres Sterbens eingeleitet hatte. Wörtlich fragte sie, ob sie wohl damit ihr Todesurteil unterzeichnet habe. Ich verstand diese Frage und versuchte ihr nochmals zu erklären, dass sie uns Angehörigen mit dem Kundtun ihres Willens viel helfe. Ich würde alles daran setzen, dass dieser ihr Wunsch auch erfüllt werde. Als wesentliche Merkmale hielt sie im Patienten-Testament folgendes fest:

Vor dem Sterben:

- *Ich will keine Autopsie.*
- *Ich will keine Organspende leisten.*
- *Ich will zu Hause, in meiner gewohnten Umgebung sterben.*
- *Ich will durch meine engsten Angehörigen begleitet werden.*
- *Ich wünsche die Krankensalbung.*

Während des Sterbens:

- *Ich möchte, dass mein Partner bei mir ist.*
- *Ich möchte, dass meine Kinder bei mir sind.*
- *Ich wünsche, dass in meinem Zimmer normal gesprochen wird.*
- *Ich wünsche, nie alleine gelassen zu werden.*

Nach dem Tod:

- *Ich wünsche eine Erdbestattung mit einer üblichen kirchlichen Feier.*
- *Ich will den offiziellen Sarg.*
- *Ich wünsche, mit folgenden Kleidern angezogen zu werden: rosaroter Pullover, blaue Hosen.*
- *Ich wünsche, so lange wie möglich zu Hause aufgebahrt zu werden.*
- *Das Leidzirkular soll durch meine Angehörigen formuliert werden.*

- *Die Todesanzeige soll nur in unserer Tageszeitung veröffentlicht werden.*
- *Ich möchte in einem Familiengrab auf unserem Hauptfriedhof beigesetzt werden.*
- *Ich möchte, dass die Angehörigen entscheiden, ob und in welchem Rahmen sie ein Leidmahl durchführen wollen.*
- *Die Wahl des Grabsteines überlasse ich den Angehörigen.*
- *Dem Friedhofamt habe ich einen Bepflanzungsauftrag für 20 Jahre erteilt.*
- *Anstelle von Blumenspenden soll man der Stiftung "Begleitung in Leid und Trauer", Winterthur, gedenken.*

So schwierig es war, sich all diesen Fragen zu stellen, so deutlich wurde meiner Mutter, wie sehr wir sie in ihren vertraulichen Anweisungen und Wünschen für den Todesfall ernst nahmen. Diese Form der Auseinandersetzung hat auch immer wieder zugelassen, dass im Rahmen anderer Gespräche offen und ehrlich über Sterben, Tod und Trauer diskutiert werden konnte.

Im Verlaufe des Monats November 1994 verschlechterte sich ihr Zustand zunehmend. Lungenpunktionen führten zu häufigen Arztbesuchen. Ihr Leben wurde deutlich beschwerlicher. Für die kurze Strecke zwischen ihrer Wohnung und unserem Haus benötigte sie eine auffällig lange Zeit. Sie sprach auch häufig davon, Weihnachten und Neujahr noch erleben zu wollen. Für mich war jetzt der Zeitpunkt gekommen, um ein Notfallblatt zu erarbeiten, anhand dessen die Verantwortlichen zu handeln in der Lage sind. Patienten wie auch die Angehörigen wissen oft nicht, was alles auf sie zukommen könnte.

Ich verwende eine Checkliste, auf der geregelt ist, was im Notfall zu unternehmen ist. Selbstverständlich sind diese Listen nur im offenen und ehrlichen Gespräch mit dem Patienten und den Angehörigen sinnvoll. Die Unsicherheit des Patienten kann nicht aufgefangen werden, wenn diffuse Informationen über den möglichen Verlauf der Krankheit formuliert werden. Wichtig ist, dass die möglichen körperlichen Veränderungen besprochen werden. Für meine Mutter hielten wir nachfolgende Informationen fest.

Checkliste für Frau Rosa Fässler-Benz:

1. Allgemeine Informationen

Frau Fässler leidet an einem unheilbaren, aggressiv wachsenden Ovarialkarzinom (Eierstocktumor) mit Metastasen. Als Sekundärtumor wurde ein Peritonealkarzinom (Bauchfelltumor) festgestellt. Nach eingehenden Gesprächen zwischen Frau Fässler, Herrn Dr. Sch., Frau Käthy Gyger-Stauber und den Angehörigen wurden folgende Vereinbarungen getroffen:

- *Frau Fässler will auf keinen Fall mehr* ***hospitalisiert*** *werden. Diesem Wunsch ist Rechnung zu tragen.*

- *Um ihr das Leben so angenehm wie möglich zu gestalten, soll eine gezielte Palliativtherapie (Massnahme zur Linderung sämtlicher Beschwerden wie Schmerzen, Übelkeit, Sauerstoffbedarf, Angstreaktionen) zur Anwendung gelangen.*

- *Zur qualifizierten Schmerzlinderung sind folgende Verordnungen auszuführen:*
  Sauerstoff (2-4 Liter)
  Morphin sub cutan (unter die Haut) gespritzt
  Lytischer Cocktail (Infusion mit Schmerzmittelkombination)
  Menge der Nahrung/Flüssigkeit nach Rücksprache mit Dr. Sch./ K. Gyger-Stauber.

- *Ziel der Behandlung ist es, dass Frau Fässler* ***weder Schmerzen noch Angst*** *erleiden muss. Deshalb ist eine der Situation angepasste Schmerztherapie anzuwenden, auch mit dem Risiko, dass durch das Verabreichen der Medikamente die Lebens- und Leidensdauer abgekürzt werden könnte.*

- *Sowohl die Patientin wie auch deren Angehörigen sind über diese Massnahmen und die damit verbundenen Konsequenzen informiert und unterstützen sie.*

Alle Symptome der nachfolgend beschriebenen Körperreaktionen können mit obiger Therapie gelindert werden!

2. Mögliche körperliche Reaktionen und damit verbundene Komplikationen

2.1 ***Ileus*** *(Darmverschluss) oder* ***Peritonitis*** *(Bauchfellentzündung als Folge eines Darm- oder Tumordurchbruches). Die Symptome sind:*
Veränderung des Stuhlverhaltens
Fieber
akute Oberbauchschmerzen
brettharter Bauch, Abwehrspannung
Übelkeit und Erbrechen
blasse, fahle bis bläuliche Gesichtsfarbe
Atemnot

2.2 ***Atemnot*** *bedingt durch Tumorwachstum (von unten drückend) oder durch Nachfüllen eines Pleuraergusses. Die Symptome sind:*
Kurzatmigkeit
erhöhte Pulsfrequenz

Brustschmerz wie einengender Ring
eventuell Atembeschwerden
Angst

2.3 ***Lungenembolie** zum Beispiel als Folge einer Thrombosenbildung. Die Symptome sind:*
stechender Schmerz bei der Atmung
Atemnot
Angst

2.4 ***Herzbeschwerden** oder **Herzinsuffizienz** bedingt z.B. durch Überbelastung. Die Symptome sind:*
erhöhte Pulsfrequenz
Herzschmerzen
Atemnot mit rasselnder, brodelnder Atmung
Stauungssymptome (lagerungsbedingt Ödeme in Beinen, Rücken und Gesäss)

2.5 ***Obere Einflussstauung** durch tumorwachstumsbedingte Stauung der Blutgefässe. Die Symptome sind:*
Gesichtsschwellung
erweiterte Kopf-, Hals- und Brustvenen
Zyanose (Blaufärbung der Haut)
Halsvenenstauung
Atemnot

2.6 ***Allfällige anderweitige Veränderungen*** *sind sorgfältig zu beobachten und mit Herrn Dr. Sch. oder Frau K. Gyger-Stauber zu besprechen.*

3. Alarmplan

3.1 *Im Notfall muss Morphin sub cutan gespritzt oder eine Infusion gesteckt werden:*
- *Maria oder Peter (Tel. Nrn.)*
- *K. Gyger-Stauber (Tel. Nr.)*
- *Dr. Sch. (Tel. Nr.)*

3.2 *Bei einer akuten Verschlechterung werden die Brüder von Peter unverzüglich wie folgt informiert:*
- *Jack und Iris (Tel. Nrn.)*
- *Paul und Annelies (Tel. Nrn.)*

4. Medikamente/Hilfsmittel

Alle notwendigen Hilfsmittel (Sauerstoff usw.) sowie die benötigten Medikamente (Morphin usw.) sind bereits organisiert und stehen zur Verfügung. Sie lagern in einer eigens eingerichteten Schachtel im Zimmer von Frau Fässler.

5. Psycho-soziale Begleitung

Frau Fässler wird regelmässig von Frau Käthy Gyger-Stauber und Herrn Dr. Sch. besucht. Einschneidende Veränderungen dieser Checkliste oder gravierende körperliche Entwicklungen werden allen Beteiligten sofort mitgeteilt. Die Begleitung richtet sich nach den Bedürfnissen der Patientin und deren Angehörigen.

6. Verteiler

Diese Liste wurde mit allen Beteiligten besprochen und wie folgt abgegeben:
- *Rosa und Jakob Fässler-Benz (Adresse)*
- *Dr. Sch.*
- *Frau Käthy Gyger-Stauber*
- *Söhne und Schwiegertöchter*

Diese definitive Checkliste erhielt Ende Dezember ihre Gültigkeit. Damit wussten alle, was wohl auf sie zukommen würde und wie in welchem Fall sinnvoll gehandelt werden konnte.

Die Krankensalbung erfolgte am 27. Dezember 1994 durch die Ortsseelsorgerin. Der späte Zeitpunkt hatte damit zu tun, dass meine Eltern als gläubige Katholiken beim Verständnis der Krankensalbung von einem Sterbesakrament im Sinne *der letzten Ölung*, wie dies im Volksmund immer wieder genannt wird, ausgingen. Die Krankensalbung war jedoch im kirchlichen Raum als Instrument zur Stärkung während der Krankheit gedacht. Dieses durchaus sinnvolle Ritual ist in den letzten Jahrzehnten durch falsches Verständnis einerseits und grössere Distanz zur Kirche andererseits eher stark rückläufig, wenn nicht sogar inexistent geworden. Meine Mutter reagierte positiv darauf, sie schien entspannter geworden zu sein.

Bis zu diesem Zeitpunkt vertrat sie die Meinung, dass ihre Katze eingeschläfert und ihr in ihrem Sarg beigegeben werden sollte. Ich erklärte unmissverständlich, dass ich nicht bereit wäre, ihr diesen Wunsch zu erfüllen. Ich würde nicht glauben, dass sich ein Tierarzt finden liesse, der eine gesunde Katze zu Tode spritze. Wohl verstand ich ihr Anliegen, konnte es nachvollziehen und fand die Idee gar nicht so abwegig. Nur machte es mir enorm Mühe, das Leben von Tieren vom Leben eines Menschen abhängig machen zu müssen. Die klare Konfrontation und Auseinandersetzung mit diesem Thema führte zu einer Ergänzung des Patienten-Testamentes, in dem folgende Eintragung nachgeholt wurde:

- *Meine Katze Molli soll nach ihrem Tod in meinem Grab beigesetzt werden.*

Nach jeder entscheidenden Besprechung erfolgte ein Konferenztelefongespräch mit meinen Brüdern. Mein Vater mochte an diesen Gesprächen nicht mehr teilnehmen. Trotz starker und zunehmender Schmerzen lebte meine Mutter in guter psychischer Verfassung. Sie freute sich an Weihnachten und Neujahr und erlebte diese beiden Stationen in sehr guter Stimmung.

Das neue Jahr zählte erst einige Tage, als sich ihr Gesundheitszustand massiv verschlechterte. Durch einen ungeschickten Sturz brach sie sich noch den linken Unterarm. Meine Frau und Käthy erstellten ihr mit einer Schiene und Gips, mit dem die Kinder früher Figuren formten, einen kunstgerechten Verband, ins Spital wollte sie um keinen Preis mehr. Zudem zeichnete sich eine deutliche Veränderung in ihrem Bauch ab. Gemäss Notfallblatt schien sich zunehmend zu bestätigen, dass sich ein Ileus (Darmverschluss) entwickelte. Dieser war auch ohne Stethoskop (schalleitendes Höhrrohr) diagnostizierbar. Sie ass nicht mehr und trank auch nicht mehr viel. Molli lag stundenlang auf oder neben ihr.

Es war an einem Dienstagmorgen, als ich (erschreckt über ihren Zustand) meine Brüder informierte mit der Bitte, den Nachmittag frei zu halten. Sie lag schwer atmend im Bett und regte sich kaum mehr. Gegen 14.00 Uhr waren alle versammelt: ihr Mann, die drei Söhne mit ihren Ehefrauen und die Enkelkinder. Sie erwachte aus ihrem schläfrigen Zustand, und der Nachmittag entwikkelte sich zunehmends zu einem nicht geplanten Familienfest. Gegen 17.00 Uhr begannen wir zu essen und ein Glas Wein zu trinken. Um 22.00

Uhr erstellten wir eine Ablösungsliste für die kommende Nacht. Jedes Mitglied der Familie verabschiedete sich von ihr und, was ebenso wichtig war, sie verabschiedete sich von ihren Lieben. Daraufhin fiel sie in einen tiefen Schlaf, aus dem heraus sie nicht wieder erwachte.

Die Ablösung erstreckte sich auch über den nächsten Tag und die folgende Nacht. Ich hielt am Abend noch einen Vortrag und konnte erst gegen 23.00 Uhr wieder zurück sein. Meine Mutter wusste dies. Bevor ich wegfuhr, informierte ich sie nochmals genau. Sie nickte, obwohl anzunehmen war, dass sie in ihrem komatösen Zustand den Inhalt der Mitteilung nicht hatte wahrnehmen können. Ich denke, dass jeder Patient über eigene Wahrnehmungsstrukturen verfügt und es müssig ist zu diskutieren, was man ihm sagen soll. Das offene und ehrliche Gespräch bis zur letzten Sekunde seines Lebens ist unbestreitbar notwendig.

Die letzte zweistündliche Morphiumampulle erhielt sie um 21.00 Uhr. Eine Stunde später begann sie unruhig zu werden. Meine Frau spritzte ihr erneut eine Ampulle. Kurz nach meiner Rückkehr entwickelte sie eine starke Unruhe, die wir als zunehmende Bauchschmerzen interpretierten. In der darauffolgenden Stunde spritzte ich ihr viertelstündlich Morphium. Sie starb um Mitternacht und war von ihren Schmerzen erlöst. Ihr Ziel, nicht mehr hospitalisiert zu werden, hat sie erreicht.

4. Nachlese

Bei aller Offenheit und Ehrlichkeit zwischen der Patientin und ihrem Pflegesystem und innerhalb des Pflegesystems gab es immer wieder Momente des Zweifels. Zweifel ihrerseits, vielleicht nicht doch noch eine, wenn auch kleine Überlebenschance zu haben. Der Verlauf der Krankheit mit der permanent zunehmenden Schwächung lehrte sie anderes. Die Gespräche über das Sterben brachten Sicherheit, wenn auch unter seelischen Schmerzen. Natürlich wurden damit alle möglichen Resthoffnungen erstickt. Aber ist es der Patientin gegenüber ethisch verantwortbar, sie bei klarem und terminalem Krankheitsverlauf theoretisch hoffen zu lassen? Wird dem Patienten dadurch nicht die Möglichkeit verbaut, adäquat Abschied nehmen zu können? Abschiednehmen ist kein einmaliger Vorgang, sondern ein Prozess mit unbekanntem Inhalt und Dauer. Das Klammern an Resthoffnungen kann diesen Prozess verhindern. Fallen Abschiednehmen und Sterben zusammen, so ist ersteres nicht mehr möglich. Die Patientin soll bewusst und mit ehrlichen Informationen entscheiden dürfen, welchen Weg sie wählt. Die Erfahrungen mit meiner Mutter haben mich und meine Verwandten darin bestärkt.

Partielle Zweifel kamen aber innerhalb des Pflegesystems auf. Ist es richtig, eine Patientin mit einem Ileus (Darmverschluss) nicht mehr zu hospitalisieren? Der Hausarzt machte uns darauf aufmerksam, dass ein Ileus operiert werden müsste. Im gemeinsamen Gespräch wurde dann klar, dass die Mutter in ihrem Zustand eigentlich nur drei Möglichkeiten hat:

1. Sie wird operiert und stirbt auf dem Operationstisch, weil sie für diese Operation zu schwach ist.
2. Die Operation gelingt, und die Mutter wird intubiert auf die Intensivpflegestation verlegt. Dort bleibt sie auf die Gefahr hin, nicht mehr vom Respirator (Beatmungsgerät) entwöhnt werden zu können. Die Möglichkeit, intubiert (beatmet), sediert (beruhigt, gedämpft) und relaxiert (mit medikamentös entspannter Muskulatur) ein Restleben an der Technik angeschlossen zu verbringen, ist sehr gross. Es stellt sich früher oder später die Frage der weiteren Behandlung, sprich: Verzicht auf antibiotische Therapie, damit sie in Würde sterben kann.
3. Sie bleibt gemäss ihrem Wunsch zu Hause und stirbt an den Folgen eines nichtoperierten Ileus.

Ihr Grundanliegen war es, zu Hause sterben zu dürfen. Die ersten zwei Varianten widersprachen diesem Wunsch. Vom dritten Gedanken liessen wir uns leiten. Das Pflegesystem musste sich aktiv damit auseinandersetzen.

Die Offenheit im Vorfeld dieses Sterbens führte auch dazu, dass wir Söhne, die Schwiegertöchter und die Enkelkinder die Abdankungsfeier mitgestalteten. Die Stimmung war herzlich, warm und getragen von einer grossen Erleichterung, der Mutter auf ihrem letzten Weg in ihrem Leben jene Unterstützung gewährt zu haben, die ihr ein Sterben in Würde ermöglichte.

DURCH LIEBE ÜBERFORDERT, DURCH LIEBE GEFORDERT

Käthy Gyger-Stauber

Aus Liebe zu meinem sterbenden Vater stellte ich Forderungen an mich, welche manchmal sehr wohl zu einer Überforderung meinerseits führten. Er wurde wegen eines Leberkarzinoms operiert. Meine Mutter und wir Geschwister wussten alle, dass es ein grosser Eingriff sein würde und dass viele mögliche Komplikationen damit ausgelöst werden konnten. Entgegen allen Befürchtungen erholte sich mein Vater aber innert einiger Monate recht gut. Er wurde nach Hause entlassen. Wir alle waren informiert, dass die Möglichkeit von Metastasenbildungen nicht ausgeschlossen werden konnte, und rechneten anfangs mit einem baldigen Rückfall. Dieser blieb vorerst aus.

Nach mehr als zwei Jahren waren wir aber doch überrascht, dass sich Symptome einer Neuerkrankung bemerkbar machten. Die Möglichkeit einer weiteren Operation war von vornherein ausgeschlossen. Meinem Vater wurde zwar noch angeboten, einen kleinen Entlastungseingriff vornehmen zu lassen. Dies lehnte er ab und vertrat den Wunsch, nie mehr ins Spital gehen zu müssen. Als Mediziner wusste er sehr wohl, was in diesem Fall auf ihn zukommen konnte. Im gemeinsamen Gespräch mit meinen Eltern und den Geschwistern versuchten wir nun, die nächsten Wochen und Monate zu planen. Meiner Mutter, selber gesundheitlich nicht in guter Verfassung, konnte die Pflege meines Vaters nicht zugemutet werden. Ich war die einzige unter den Geschwistern, welche vom Beruf her genügend Kenntnisse und Wissen mitbrachte und sich die Pflege des Vaters zutraute. Also wurde nach weiterer Rücksprache mit meinem Mann beschlossen, dass die Eltern zu uns kommen könnten. Mein Vater sah ein, dass er bei einer Pflege im Familienkreis nicht zu Hause bleiben konnte.

Ein nächster Schritt war, bei uns ein Zimmer für meine Eltern einzurichten und ein Pflegebett zu organisieren. Dann galt es abzuklären, ob mein eigener Hausarzt bereit wäre, Hausbesuche zu machen, wenigstens um die Zeit zu überbrücken, bis der Arzt meiner Eltern bei uns einträfe. Danach wollte ich, dass die Erreichbarkeit meiner Geschwister jederzeit ermöglicht und definiert wurde. Ich hatte vieles zu organisieren und buchstäblich alle Hände voll zu tun. Ich liess mich von meiner Arbeit in Zürich freistellen, wo ich seit zwei Jahren in einem Haus für terminale AIDS-Kranke im Pflegedienst angestellt war. Meine Kinder mussten informiert werden. Mit meinem Mann hatte ich mich genau abzusprechen, wie wir die Aufgaben untereinander aufteilen würden. Innert vier Tagen war alles soweit vorbereitet. Am nächsten Tag sollten meine Eltern bei uns eintreffen. Da packte mich plötzlich eine Riesenangst, ob ich es überhaupt schaffen würde, meinen Vater zu pflegen und zu begleiten bis zu seinem Tod. Ich beschloss, mit Freunden darüber zu reden. Diese sagten mir ihre Unterstützung zu, wann immer ich darauf angewiesen sein würde. Immer noch mit gemischten Gefühlen (aber einigermassen beruhigt und eine Spur gelassener) sah ich nun der Ankunft meiner Eltern entgegen.

Die erste Woche gestaltete sich relativ unproblematisch, obwohl mein Vater vermehrt Hilfe brauchte. Er fand sich in seiner neuen Umgebung nicht immer zurecht. Abgesehen von schwer in den Griff zu bekommenden Schmerzen, konnten wir aber in vielem unserem gewohnten Tagesablauf nachgehen. Die Nächte hingegen waren unruhiger, oftmals wurde meine Hilfe notwendig. Mein Mann entlastete mich nach Möglichkeit, indem er Einkäufe und Haushaltsarbeiten übernahm und sich um die Kinder kümmerte. Der ältere meiner Buben (8jährig) war zwar schon ziemlich selbständig, der kleinere (4jährig) aber brauchte noch viel Aufsicht und Zuwendung.

Es war mir ein Bedürfnis, meinen Vater zu verwöhnen, auch wenn ich von seiner Krankheit her wusste, dass nicht alles "erlaubt" war, was ich ihm anbot. Mein medizinisches Wissen wollte ich nicht immer im Vordergrund stehen haben und mich danach richten, um vernünftig zu handeln. Ich suchte mit meinem Vater oft das Gespräch. Manchmal schien es mir, als hätten wir jahrelanges Schweigen zu brechen gelernt. Wir begannen, einander von einer anderen Seite kennenzulernen. Ich tolerierte neuerdings Aussagen, welche mich früher unheimlich verärgerten. Und er nahm von mir Hilfe und meine Meinung an, als wäre dies das Selbstverständlichste der Welt. Wir nutzten die letzte Gelegenheit, einander näher zu kommen. Nur über seine Krankheit wollte er mit niemandem reden. Als ich ihn darauf ansprach, erklärte er, damit "abgeschlossen" zu haben. Anfangs hatte ich mit seiner Haltung Mühe. Ich versuchte sie aber zu respektieren.

Dennoch war er durch seine Krankheit täglich stärker gezeichnet. Ich merkte, dass niemand so richtig mit der Endgültigkeit seines Leidens und dem damit verbundenen nahen Abschied rechnen wollte. Da kamen Vorschläge, dass man ihn noch einmal nach Hause gehen lassen sollte, weil er dann alles ihm Vertraute um sich haben könnte. Oder man fand, dass er noch ganz gut aussähe. In Wirklichkeit war er am ganzen Körper zitronengelb und döste zunehmend vor sich hin, war er nicht gerade in ein Gespräch verwickelt. Ich hielt diesen Optimismus fast nicht aus und reagierte deshalb zunehmend überreizt. Ich fragte mich auch, wie solche Aussagen gemacht werden konnten, wohl wissend, was erwiesenermassen alles auf uns zukommen könnte. Ich war im Begriff, meinen Vater loszulassen, ohne ihn aufzugeben, und dies war nicht immer einfach zu erklären. Nun, ich war schon vorher täglich in meiner Arbeit mit solchen Situationen konfrontiert und hatte eine andere Beziehung zum Geschehen, ein anderes Vorstellungsvermögen und Wissen. Trotzdem glaubte ich immer wieder von neuem, mich rechtfertigen zu müssen. Es war für mich eine neue Erfahrung, "betroffene Angehörige" zu sein.

Ich hatte viele Rollen zu spielen. Ich war Ehefrau und Mutter; ich war Tochter meiner Eltern; ich war Schwester meiner Geschwister, und ich war Pflegende und Fachperson, alles zur gleichen Zeit. Es gab Momente, da war ich mir meiner gegenwärtigen Rolle nicht mehr sicher. Zeit nur für mich allein fand ich immer weniger. Die Pflegebedürftigkeit meines Vaters nahm zu. Nach zwei Wochen ereignete sich der erste Zwischenfall, welcher sich letztlich als beginnendes Sterben meines Vaters beschreiben lässt. Er begann zu bluten, und niemand wusste, ob er daran sterben könnte. Weitere befürchtete Komplikationen traten ein. Ich war nun ständig unterwegs, um neue notwendig gewordene Medikamente zu organisieren. Zu Hause suchten wir nach lindernden Massnahmen. Ich begann, einen Pflegeplan auszuarbeiten und darin meine Geschwister so oft als nur möglich miteinzubeziehen. Tag und Nacht wurden regelmässige Schmerzmittel notwendig. Die meisten Spritzen verabreichte ich, manchmal nahmen mir meine Geschwister diese Aufgabe ab. Vorgängig hatte ich sie an einer Matratze übend instruiert, wie sie "es tun mussten".

Während mehr als einer Woche verbrachte ich kaum mehr als drei bis vier Stunden schlafend pro Nacht. Ich hatte Angst, etwas zu verpassen, ich war eigentlich ununterbrochen in Bereitschaft. Ich wollte nichts unterlassen haben, ich wollte und konnte die Verantwortung nicht abgeben. Da war auch meine Mutter, welche eine intensive Begleitung benötigte. Immer wieder nahm ich mir Zeit, ihr das Geschehen zu erklären und aufzuzeigen, weshalb sich alles in welcher Form auch immer veränderte. Die Unterstützung durch die Ärzte verlief optimal. Ich hatte jederzeit die Möglichkeit, jemanden zu erreichen und um Rat oder einen Besuch zu fragen.

Während den letzten paar Stunden, die mein Vater lebte, war er unruhig und brauchte permanent jemanden an seinem Bett. Gegen zwei Uhr morgens übergab ich das Hüten meiner Schwester und wollte ein paar Stunden schlafen. Eine knappe Stunde später weckte sie mich, weil sich sein Zustand verändert hatte.

Mein Vater atmete schwerer, und klare Anzeichen deuteten darauf hin, dass er sehr bald sterben würde. Er versuchte etwas zu sagen, aber wir verstanden ihn nicht. Wir fühlten uns unendlich hilflos. Wir weckten die Mutter, in der Hoffnung, dass sie ihn vielleicht verstehen könnte. Aber auch sie konnte nicht weiterhelfen. So sassen wir dann zu dritt an seinem Bett, bis er kurze Zeit später starb.

Seit Wochen hatte ich mit diesem Moment gerechnet, und dennoch schien es mir in jenem Augenblick zu früh zu sein. Ich vergewisserte mich einige Male, bevor ich meine Brüder und den Arzt informierte. Es war, als könnte ich nicht glauben, dass es nun wirklich so sei. Mein Fachwissen war jetzt nicht mehr wichtig, ich nahm mir endlich Zeit, mich mit meinen Emotionen auseinanderzusetzen und diese zuzulassen. Später habe ich mit den Geschwistern meinen Vater ein letztes Mal gewaschen und frisch angezogen.

Der Arzt versicherte mir, dass wir alles erdenklich Richtige gemacht und ermöglicht hätten. In mir blieben Zweifel, aber ich mochte sie zu jenem Zeitpunkt nicht mehr ansprechen und diskutieren.

Als es im Haus wieder ruhig geworden war, beschloss ich, nach einer halbstündigen Dusche - während Wochen hatte ich nie länger als fünf Minuten dazu gebraucht - mich wieder ans Bett meines Vaters zu setzen. Ich wartete auf einen Atemzug, hoffte auf ein "Zurückkommen". Ich begann erst jetzt zu begreifen: Ich hatte nun keinen Vater mehr, mit welchem ich mich unterhalten, lachen und streiten konnte. Die Hektik und Spannung der vergangenen Zeit machten einer tiefen Traurigkeit Platz. Später hielt ich die Stille nicht mehr aus. Ich wartete im Wohnzimmer bei leiser Musik und brennenden Kerzen auf den Morgen, meinen Mann und die Kinder, welche ich mitten in der Nacht nicht geweckt hatte.

Rückblickend bereue ich das Angebot nicht, das ich meinem Vater gemacht habe. Ich bin dankbar für die gemeinsame Zeit, die wir noch hatten. Heute bin ich mir bewusst, dass ich mich in dieser Zeit auf einer Gratwanderung zwischen Überforderung und einer von mir gewählten Herausforderung befand.

Ich habe erwähnt, dass vieles an Vergangenem zwischen meinem Vater und mir noch bereinigt werden musste. Dieses Bereinigen hat viel Bereitschaft zu Auseinandersetzungen verlangt. Ich war mir nicht sicher, was dabei herauskommen würde. Die Chance, damit unsere Beziehung gegenseitig zu entlasten, war genauso real wie die Möglichkeit, dass ich mit diesem Bedürfnis alleine dastehen würde. Die Verantwortung für die Pflege und die Organisation zu übernehmen war eine Herausforderung. Manchmal grenzte sie an Überforderung. Oft getraute ich mich nicht, etwas aus den Händen zu geben. Nicht, dass ich es den anderen nicht zugemutet hätte. Es war vielmehr mein Wunsch, nichts verpassen zu wollen, welcher mich häufig selber entscheiden und handeln liess.

Das Pendeln zwischen meinen verschiedenen Rollen wurde mir erst später bewusst, als ich zurückschauen und alles aus der Distanz heraus besprechen konnte. Mein Mann und meine Kinder waren da, und doch hatten sie während Wochen nicht mehr die gleich wichtige Stellung wie zuvor. Manchmal hatte ich ein schlechtes Gewissen deswegen, meistens war dies aber nur von kurzer Dauer. Ich wusste um die beschränkte Zeit, die mir mit meinem Vater blieb. Dieses Wissen liess mich alle aufkommenden Schuldgefühle den andern gegenüber verdrängen...

Zeit für mich nahm ich mir immer weniger. Einmal, so erinnere ich mich, ging ich zu einem Anlass nach Zürich, wo ich meine Hilfe schon lange zuvor zugesagt hatte, und bat meine Schwester um die Übernahme der Pflege. Ein andermal schickte sie mich mit meinem Mann auswärts essen. Dieses Nachtessen aber habe ich nicht nur in guter Erinnerung, da mir die Ruhe fehlte. Ich hatte Angst, es würde sich etwas ereignen, was ich hätte verhindern können. Ich wehrte mich gegen ein künstliches oder konstruiertes Abgrenzen. Es war mir ein wichtiges Anliegen, mich so umfassend wie möglich einzulassen. Heute weiss ich aber auch, dass ich mir manchmal mehr hätte gönnen dürfen oder müssen, ohne dass ich dabei "versagt" hätte.

Wenn ich glaubte, nicht mehr weiter zu wissen oder nicht mehr durchzuhalten, setzte ich mich mit Freunden in Verbindung. Manchmal erzählte ich einfach, was gerade aktuell war. Von meinen Ängsten und Unsicherheiten zum Beispiel, oder meiner Hilflosigkeit, welche ich trotz allem immer wieder spürte. Ich habe von ihnen wertvollste Hilfen und Unterstützung erhalten, welche mich vor einem Kapitulieren in meiner selbstgewählten Situation bewahrten.

Der Entschluss von Angehörigen, ein sterbendes Familienmitglied zu Hause zu pflegen, ist sowohl Überforderung als auch Herausforderung für die Betroffenen. Sie haben sich mit vorher kaum bewussten Gefühlen auseinanderzusetzen. Ich möchte Ihnen einige Beispiele aus meinem Berufsalltag nennen, welche sich *überfordernd* auswirken können:

Der innere Zwiespalt

Angehörige wissen, dass sie loslassen müssen, dennoch versuchen sie oft, festzuhalten. Loslassen heisst für sie auch, ja sagen zu lernen zum Sterben. Ich erinnere mich dabei an eine Mutter, welche seit langer Zeit um die unheilbare Krankheit ihres dreissigjährigen Sohnes wusste. Sie betonte immer wieder ihren Wunsch, dass er bald und ohne grossen Kampf sterben könne. Als es soweit war, weinte sie und klagte ihn an, dass er unfair sei und sie doch nicht alleine zurücklassen dürfe. Vorher hatte sie weder mit ihrem Sohn noch mit anderen Angehörigen über ihre Ängste vor der Einsamkeit gesprochen. In solchen oder vergleichbaren Situationen habe ich erfahren, dass oftmals das ersehnteste Sterben im entsprechenden Moment eben doch zu früh erscheint.

Loslassen
Sie wollen loslassen, wünschen, dass der Kranke bald sterben darf, dennoch wagen sie nicht, darüber zu reden, weil dieser Wunsch unethisch erscheint. Nur zu oft wird auf entsprechende Aussagen reagiert mit "Aber das darf man doch nicht wünschen", oder "Es kann offenbar nicht schnell genug gehen", was Angehörige verstummen lässt.

Schuldgefühle
Angehörige befürchten, Unerledigtes nicht mehr rechtzeitig in Ordnung bringen zu können. Oft handelt es sich dabei um eine Entschuldigung dem Kranken gegenüber. Alte, nicht ausgetragene Konflikte mit dem jetzt Sterbenden werden plötzlich wach und setzen die Angehörigen unter Druck, weil sie glauben, es gebe etwas gutzumachen.

Nicht genügen
Angehörige wollen Gutes tun und haben dennoch den Eindruck, dass sie zu wenig getan haben. Der Wunsch, "alles zuliebe zu tun", verunmöglicht oft, dass die wirklichen Bedürfnisse der Kranken wahrgenommen werden. Man beschäftigt sich mit "guten Taten" und deren Vorbereitungen und nicht mit den Wünschen und Bedürfnissen des Patienten.

Nicht zu den Gefühlen stehen

Angehörige fürchten sich, sich selber und dem Sterbenden gegenüber Trauer und Ängste einzugestehen. Sie wollen stark sein. Vielleicht schämen sie sich ihrer Gefühle und behalten sie lieber für sich, auch wenn sie daran fast zu ersticken drohen. Nicht selten höre ich auch Aussagen wie: "Sie oder er darf nicht wissen oder spüren, dass ich so traurig bin, bisher bin ich doch immer stark gewesen." Oder: "Es würde den Patienten nur unnötig belasten, würde ich meine Trauer zeigen."

Demgegenüber kann ich ein weiteres Beispiel eines Kranken anfügen, welcher sich beklagte: "Meiner Familie scheint mein nahes Sterben gar nicht so viel auszumachen. Sie verhalten sich wie immer, ich spüre nicht einmal einen Hauch von Traurigkeit. Vielleicht ist es ihnen sogar recht. Sie warten nur noch darauf, bis ich nicht mehr bin." In Wahrheit aber hatten alle eine riesige Angst vor jenem Moment des Sterbens und weinten sich im Verborgenen aus, um den Kranken nicht zu belasten.

Nicht Nein sagen

Dem Sterbenden zuliebe und um ihn zu beruhigen, werden Versprechen abgegeben, wissend, dass diese mit an Sicherheit grenzender Wahrscheinlichkeit nicht in Erfüllung gehen können. Nach dem Tod des Kranken werden Angehörige mit riesigen Gewissensbissen feststellen, dass sie gemachte Versprechen nicht einhalten können. Diese Gefühle werden ihre Trauer massiv beeinflussen oder gar verunmöglichen. Eine junge Frau versprach ihrem verzweifelten, schwerstkranken Bruder, seine Interessen im Zusammenhang mit der Behandlung zu vertreten, sollte er dies nicht mehr selber übernehmen können. Als es soweit war und man sich an sie wandte, um wesentliche Entscheidungen zu treffen, wusste sie nicht, was er sich gewünscht hätte. Sie hatte vorher keine Gelegenheit wahrnehmen können, mit ihm darüber zu sprechen. Nach seinem Tod war sie sich nicht sicher, ob sie wirklich seine Bedürfnisse und Wünsche vertreten hatte.

Vermächtnisse übernehmen
Sie übernehmen Aufträge und Aufgaben über den Tod des Kranken hinaus und merken nicht, dass sie damit ihre eigenen Grenzen überschreiten.

Verschonen
Angehörige gehen Auseinandersetzungen mit dem Sterbenden aus dem Weg, wagen nicht, anderer Meinung zu sein, aus Liebe zum Sterbenden. Sie äussern eigene Bedürfnisse nicht.

Blind werden
Angehörige sind ausschliesslich mit dem aktuellen Geschehen beschäftigt und merken nicht, dass Reflexionsmöglichkeiten notwendig wären, aber weitgehend fehlen.

Nicht wahrhaben wollen, beschönigen
Wie oft fühlen sich Angehörige gegenüber Schwerstkranken und Sterbenden immer noch verpflichtet, sie zu beruhigen und ihnen zu versichern, dass "es bestimmt bald besser kommen werde". In manchen Fällen spiegeln solche Aussagen eigene Hoffnungen wider, häufiger aber will man dem Kranken die Hoffnung nicht nehmen.

Mitleid haben
Aus Liebe zum Sterbenden leiden die Angehörigen mit ihm, statt dass sie mitfühlen. Dadurch werden sie handlungsunfähig, gelähmt. Mit-Leiden macht immobil.

Fehler kompensieren wollen
Wenn vorher auch nur wenig möglich war, so versuchen sie jetzt die Gelegenheit zu ergreifen, so lange, so oft und so intensiv wie möglich dem Sterbenden Liebe und Nähe zu zeigen. Sie werden versuchen, bisher Versäumtes nachzuholen, wieder gutzumachen.

Übertriebene Zuwendung
Der Kranke wird gewissermassen "zugedeckt" mit affektiver Zuwendung, bis zum "Geht-nicht-mehr". Diese Zuwendung bleibt häufig unreflektiert, unbesprochen. Von Kranken habe ich erfahren, dass sie manchmal froh wären, weniger Zuwendung zu erhalten. Letztlich glaube ich, dass

sich hier nicht nur die Frage nach der Quantität, sondern auch nach der Qualität stellt.

Kontrolle behalten
Aus fehlender Distanz zum Ereignis oder aus Angst, etwas zu verpassen, versuchen Angehörige oft, durch permanente Präsenz eine totale Kontrolle auszuüben, sowohl über den Patienten wie auch über die andern Angehörigen.

Festhalten, Festklammern
Patienten sterben lassen löst immense Trauer aus. Trauer schmerzt. Deshalb wollen viele dieses Sterben nicht zulassen. Ich habe erlebt, dass Angehörige hofften, mit ihrer permanenten Präsenz am Krankenbett das Sterben verhindern zu können.

Persönliche Lebensunlust
Manche verzichten während Wochen, Monaten oder gar Jahren aus Liebe zum Kranken auf alles, was ihnen vor ihrer Pflegeaufgabe noch lebenswert erschienen war. Vielen erscheint es paradox, sich selber etwas zu gönnen, wissen sie doch um den Ernst des Zustandes des Kranken.

Unreflektierte Prioritäten setzen
Die Bereitschaft, alle bisher wichtigen Lebensgewohnheiten umzustellen, ist gross. Viele Angehörige spüren eigene Bedürfnisse kaum mehr oder geben diesen keinen Platz mehr.

Falsch verstandene Nächstenliebe
Auch religiöse Überzeugungen veranlassen Angehörige, manchmal unter Verzicht oder Abstinenz eigener Wünsche und Bedürfnisse den Sterbenden zu pflegen.

Selbstaufopferung
Das ist eine Folge davon. Viele empfinden es als persönlichen Makel oder Mangel, wenn sie etwas delegieren. Sie erwarten von sich, dass aus Liebe alles selber gemacht werden muss. Dies führt nicht selten zu einer "Rund-um-die-Uhr-Pflege".

Machtmissbrauch
Kranke möchten vielleicht noch andere, ihnen nahestehende Personen in die Pflegepläne miteinbezogen wissen. Machtansprüche unter Angehörigen verhindern dies oft.

Um diesen Überforderungsmomenten entgegenzuwirken, haben sich meiner Erfahrung nach Angehörige mit nachfolgenden wichtigen Fragen auseinanderzusetzen und Überlegungen dazu anzustellen.

Damit Angehörige sich durch Liebe **gefordert** fühlen können, müssen sie:
- *die Beziehung zum Sterbenden überdenken,*
- *die Beziehungen in der Familie überdenken,*
- *eigene Grenzen setzen,*
- *Ressourcen aktivieren.*

Überdenken der Beziehung zum Sterbenden:

- Wie erlebte ich die Beziehung?
- Welche Inhalte prägten diese Beziehung?
- Wie standen wir zueinander?
- Welche Konflikte wurden bisher nicht ausgetragen?
- Über welche Themen sprachen wir nie miteinander?
- Wann und wo gingen wir uns aus dem Weg?

Überdenken der Beziehungen in der Familie:

- Zu welchen Familienmitgliedern unterhalte ich gute Beziehungen? Mit wem kann ich mir vorstellen, die Pflege des Kranken zu teilen?
- Zu welchen Familienmitgliedern unterhalte ich schlechte oder gar keine Beziehungen?
- Wer ist mit wem koaliert? Erträgt es der Kranke, von diesem oder jenem Familienmitglied überhaupt gepflegt zu werden?
- Wer kämpft gegen wen?
- Wer unterstützt wen?
- Welche Informationspolitik ist notwendig? (...dass es zu keinen familiären Streitereien führt?) Wer wird in welchem Falle zuerst informiert? Wer muss miteinbezogen werden, wenn es Entscheidungen zu treffen gilt?

Eigene Grenzen setzen:

- Welche Veränderungen spüre ich in mir? Welche Wünsche löst es in mir aus, wenn ich mich mit der Pflege eines sterbenden Familien-

mitgliedes auseinandersetze? Habe ich Angst? Habe ich Vorbehalte? Welches sind die Konsequenzen für meine Familie? Wie vereinbare ich meinen Entscheid mit meinen anderen Aufgaben?
- Entsprechen die zu erbringenden Leistungen meinen persönlichen Verhältnissen?
- Erkenne ich eigene Grenzen, und bin ich bereit, zu diesen zu stehen? Wie und wo hole ich mir professionelle, adäquate Unterstützung, um vorhandene Bedürfnisse abzudecken?
- Überfordere ich mich? Bin ich bereit, Hilfe anzunehmen?
- Bin ich bereit, mich und mein Verhalten hinterfragen zu lassen? Mit wem kann ich mich vorbehaltlos ehrlich darüber unterhalten? Wer ist meiner Meinung nach fähig, meine Situation zu beurteilen?
- Akzeptiere ich Gesprächspartner, die auch anderer Meinung sind als ich? Wessen Kritik bin ich bereit anzunehmen?

Sich all diesen Fragen bedingungslos zu stellen wird Betroffenen nicht nur einfach erscheinen. Dennoch denke ich, dass sie ihnen eine Hilfe darstellen, um letztlich über eigene vorhandene Ressourcen Klarheit zu erlangen.

Ressourcen aktivieren:
- Ich entscheide, welche Leistung ich erbringe: Das heisst, ich setze mich mit meinen

Fähigkeiten, mit meinen Stärken und Schwächen offen auseinander und bin mir und anderen gegenüber ehrlich.

- Ich lasse mich nicht manipulieren. Ich lasse mich nicht unter Druck setzen, weder von den übrigen Familienmitgliedern noch vom Sterbenden. Denn wenn ich unter Druck entscheiden und handeln muss, kann ich dies nicht mehr freiwillig tun.
- Ich pflege aus Überzeugung und nicht aus Schuldgefühlen.
- Ich kläre, was noch geklärt werden muss.
- Ich enttabuisiere bisher tabuisierte Themen.
- Ich entschuldige mich für jene Anteile, die ich als schuldhafte Anteile in meinem Verhalten dem Sterbenden gegenüber bezeichne. Ich bin bereit, meine Beziehung zum Sterbenden zu reflektieren und Versäumnisse oder Fehler einzugestehen und anzusprechen, wenn ich dies für notwendig erachte.
- Ich eruiere die Wünsche und Bedürfnisse des Sterbenden. Seine Wünsche und Bedürfnisse sind mir wichtig, und ich bin bereit, diese auch zu vertreten.
- Ich erfülle, was für mich akzeptabel ist.
- Ich erstelle Verbindungen, die es dem Patienten ermöglichen, jene Wünsche und Bedürfnisse befriedigen zu können, die ich nicht bereit bin zu realisieren.
- Ich begegne dem Sterbenden auch mit meinen Gefühlen, denn meine Gefühle gehören genauso

zu mir wie mein Wunsch und meine Bereitschaft, den Sterbenden zu pflegen.

- Ich verschone ihn nicht vor meinen Empfindungen.
- Ich stehe zu den ungelebten Teilen der Beziehung.
- Ich suche mit dem Sterbenden eine offene und ehrliche Begegnung.

Gelingt es Angehörigen, sich ehrlich sich selber gegenüber mit diesen Fragen zu befassen und sich darauf einzulassen, haben sie erste Schritte getan. Ihr bewusster Entscheid wird zu einer Herausforderung aus Liebe zum Kranken. Denn:

Sterbende haben Bedürfnisse und Rechte	- Angehörige auch
Sterbende brauchen Ansprechpersonen	- Angehörige auch
Sterbende haben ein Recht auf Liebe	- Angehörige auch

Das heisst, dass Angehörige sich nicht aus Liebe allein um das Wohl der Sterbenden kümmern und ihr eigenes Wohlbefinden dabei verkümmern lassen müssen. Dass dennoch der Sterbende das Zentrum des Geschehens darstellen wird, liegt auf der Hand. Da, wo aber Angehörige sich in ihrem eigenen Handlungsspielraum umfassend einschränken, werden sie innert kurzer Zeit an nie geahnte Grenzen stossen. Mutlosigkeit, Hilflosigkeit und andere lähmende Gefühle werden ihre innere und äussere Immobilität verstärken. Sie werden später unglücklich an diese Zeit zurückerinnert werden und frustriert und unsicher bleiben, wenn sie sich nicht rechtzeitig ihrer klaren Grenzen bewusstwerden konnten. Deshalb bin ich überzeugt, dass Hilfen von aussen stabilisierenden und Sicherheit gebenden Einfluss haben können, vorausgesetzt, solche Hilfe wird rechtzeitig in Anspruch genommen. Die Erfahrung zeigt auch, dass die erlangte Sicherheit der Angehörigen sich auf die Sterbenden überträgt. Unsicherheiten werden sie spüren, wenn sich Angehörige mit ihrer Aufgabe überfordert fühlen.

MASSNAHMEN ZWISCHEN LEBENSERHALTEND UND LEBENSVERLÄNGERND

Roland Kunz

Jeder Entscheid über medizinische oder pflegerische Massnahmen bei terminal kranken, sterbenden Menschen muss mit einem klar reflektierten und formulierten Ziel gefällt werden. Geht es um eine primär lebenserhaltende oder rein lebensverlängernde Massnahme? Um diese Frage zu beantworten, müssen die beiden Begriffe geklärt werden. Lebenserhaltend zu wirken, ist die Maxime jeglichen ärztlichen Handelns; das Gegenteil - lebensverkürzend - widerspricht der ärztlichen Ethik. Lebensverlängerung kann in der Lebenserhaltung enthalten sein, ihr aber auch widersprechen. Leben hat nämlich verschiedene Aspekte:

- biologisches Leben = Vitalfunktionen, d.h. lebenswichtige organische Funktionen
- ganzheitliches Leben = Lebensqualität, Leben in allen Dimensionen, z.B. Autonomie, Würde, Kontakt mit Umwelt und sozialem Umfeld, frei von unnötigem Leiden.

Wir können somit lebenserhaltend als Erhalten von Lebensqualität verstehen und lebensverlängernd als Verlängern von biologischem Leben. "Ehrfurcht vor dem Leben" (Albert Schweitzer) heisst für mich Ehrfurcht vor dem Leben des Einzelnen in all seinen Dimensionen.

Wir sprechen heute über Massnahmen bei Sterbenden, bei terminal Kranken. In dieser Situation muss jeder Entscheid auf dem Hintergrund der genannten Überlegungen gefällt werden. Grundlage jeder Handlung, jeder therapeutischen und pflegerischen Massnahme ist *die Lebensqualität und der Wille des Patienten*. Kann der Patient seinen Willen noch ausdrücken, hat er ihn früher geäussert? Was wissen die Angehörigen über seinen Willen? Bei Unfähigkeit der eigenen Willensäusserung muss juristisch der Arzt nach dem mutmasslichen Willen des Patienten entscheiden. Im folgenden gehen wir auf einige solcher Grenzsituationen ein:

1. Schmerzen

Lebensqualität heisst, Schmerzen soweit möglich mit allen zur Verfügung stehenden Mitteln zu bekämpfen. Bei schweren Schmerzzuständen kann aber eine Therapie notwendig werden, die unter Umständen lebensverkürzend wirken kann. Wichtig ist, in diesem Fall die Therapiemöglichkeiten und -folgen mit dem Patienten und den Angehörigen zu besprechen. Starke Schmerzmittel verursachen häufig auch unangenehme Nebenwirkungen, die der Lebensqualität abträglich sein können. Denken wir daran, diese rechtzeitig mitzubehandeln!

Jede Schmerzveränderung verlangt eine neue Analyse, um ursächlich behandelbare Schmerzursachen (z.B. eine Harnverhaltung) gezielt zu behandeln und nicht unnötig die Schmerzmitteldosis zu erhöhen.

2. Behandlung von Störungen, die lebensverkürzend wirken können

2.1 Ernährung

Essen ist für uns eine Lust, eine Freude. Für den terminal Kranken kann es noch eine Freude, aber auch ein Zwang sein. Essen als Freude ist Lebensqualität, Essen und Trinken als Notwendigkeit der Lebenserhaltung kann zum Zwang ohne Lebensqualität werden. Speise und Trank sollen bis zum

Tod in der geeigneten Form angeboten werden, sie sind auch eine Art der Zuwendung und in vielen Kulturen eine Kommunikationsform. Der sterbende Patient darf nicht unter Durst leiden, er darf aber auch nicht gegen seinen Willen mit Infusionen hydriert werden, sondern soll z.B. durch geeignete Mundpflege Erleichterung erfahren. Es konnte gezeigt werden, dass Dehydratation schmerzlindernd wirken kann und auch andere störende Symptome (z.B. Erbrechen, Schleimbildung in den Atemwegen) günstig beeinflusst.

Jede künstliche Ernährung erfordert ein klares Behandlungsziel und darf nicht zum Automatismus werden. Fragen wir uns deshalb, ob wir primär rein lebensverlängernd, vielleicht sogar leidensverstärkend wirken oder wirklich lindernd. Ist eine Flüssigkeitszufuhr (aus der Sicht des Patienten) erwünscht, steht bei Unmöglichkeit der peroralen Verabreichung die subcutane Infusion über jeweils kurze Infusionszeit im Vordergrund.

2.2 Atemnot

Atemnot ist eines der quälendsten Symptome und immer mit existentieller Angst verbunden. Kommt keine ursächliche Behandlung mehr in Frage (z.B. Punktion eines Ergusses), ist Morphin, niedrig dosiert, das beste Mittel zur palliativen Behandlung, auch wenn man weiss, dass Morphin (jedoch nur in höheren Dosen) atemdepressiv wirkt. Eine maschinelle Beatmung des sterbenden Menschen hat keine ethische Grundlage.

2.3 Infektion

Jede Infektion ist primär eine unerwünschte Komplikation. Der Reflex des Mediziners neigt zur antibiotischen Behandlung. Ein Infekt beim terminalen Patienten kann sehr unangenehme Symptome verursachen (Beispiel Blasenentzündung) und deshalb zur Verbesserung der Lebensqualität eine Antibiotikabehandlung erfordern; er kann aber auch die erlösende Komplikation sein, deren Behandlung nur zur reinen Lebensverlängerung führt. Ende des letzten Jahrhunderts wurde die Lungenentzündung als "Freund des alten Menschen" bezeichnet. Vergessen wir nicht, dass die wenigsten Menschen an der Grundkrankheit selbst, sondern an einer Komplikation sterben.

2.4 Pflegerische Fragen

Es gibt viele Beispiele pflegerischer Handlungen, die bezüglich Ziel beim sterbenden Menschen gut hinterfragt werden müssen.

- Ist die bequeme Lage für den Patienten wichtiger oder die Decubitusprophylaxe durch Umlagern?
- Mobilisieren kann Thrombosen verhindern, kann aber jedesmal zur Tortur werden.
- Der fehlende Strich auf der Stuhlkontrolliste bedeutet nicht automatisch, dass der Patient einem Einlauf unterzogen werden muss.
- Die Körperwäsche kann erfrischend, aber auch belastend sein.

Stellen wir deshalb die Bedürfnisse des Patienten ins Zentrum! Als Synthese meiner Ausführungen möchte ich zwei Gedanken anführen:

- Die Kunst ist nicht nur, das Richtige zu tun, sondern auch, das Unnötige zu lassen.
- Dasein für den Sterbenden ist wichtiger als Aktivismus!

KOMMUNIKATION IM SYSTEM DES KRANKEN

Joseline Pampaluchi-Wick

Kommunikation im System des Kranken meint den verbalen und nonverbalen Austausch zwischen dem kranken oder sterbenden Menschen und allen auf ihn bezogenen Personen. Dabei geht es darum, zu verstehen, was systemisch denken und kommunizieren heisst und welche Personen damit gemeint sind. Zudem wollen wir uns überlegen, was wir unter verbaler respektive nonverbaler Kommunikation verstehen. Wenn wir diese Zusammenhänge verdeutlicht haben, beschäftigen wir uns mit der Frage, wie landläufig kommuniziert wird und was es zu beachten gilt, wenn wir künftig bewusster mit systemischen Überlegungen kommunizieren. Unser Anliegen ist es, im Umgang mit einem schwer kranken oder sterbenden Menschen eine qualitativ verbesserte Kommunikation zu fördern. Wir sind aufgefordert, uns selbst in der Beziehung zum Patienten, zur Patientin oder im Kontakt zu den verschiedenen dazugehörigen Systemen klarer einzubringen.

Kommunikation heisst sich verständigen, in Verbindung stehen, mit-gehen. Wir denken zuerst an das Sich-Verständigen mit Worten. Über das Sprechen oder Nicht-Sprechen hinaus verfügt jede Person zudem über ein Repertoire an anderen Ausdrucksformen, die bedeutungsvoll sind, z.B. die Mimik, die Gestik, die Körperhaltung usw.

Schwere Krankheit und Sterben lösen beim Patienten und bei allen involvierten Personen als erstes Gefühle von Schmerz, Ratlosigkeit und Angst aus. Geprägt von diesen Stimmungen und Befindlichkeiten, begegnen wir dem Patienten und begegnen wir uns untereinander. Das Nicht-Sprechen, das Schweigen und das Zuhören bekommen eine grosse Bedeutung und wecken Assoziationen und Gefühle. Nach dem Grundsatz von Watzlawick, "Man kann nicht nicht kommunizieren", werden wir uns bewusst, dass sich jeder, sowohl der kranke Mensch als auch wir, in seinem Umfeld immer irgendwie mitteilt.

Was ist ein System?

Als System bezeichnen wir eine Gruppe von Menschen mit einer ganz spezifischen Zugehörigkeit, zum Beispiel eine Familie, eine Schulklasse, ein Freundeskreis, ein Pflegeteam usw. Die Systemtheorie besagt, dass das Grundbedürfnis eines

Systems die Erhaltung des Gleichgewichts (Homöostase) ist. Das Gleichgewicht bedeutet Ausgewogenheit oder anders ausgedrückt Gesundheit in jedem Sinne. Die Mitglieder eines Systems sind aufeinander bezogen, auch dann, wenn ein Mitglied nicht anwesend ist. Ist ein Mitglied eines Systems krank oder verunfallt, löst es bei jeder Person im System einen je einzelnen und einen auf das ganze System bezogenen Prozess aus. Das heisst, das Gleichgewicht schwankt. Niemandem im System geht es gleich gut wie vor dem belastenden Ereignis. Jede Person fühlt sich anders, verhält sich anders, kommuniziert anders. Was mit uns in diesem Prozess geschieht, wie wir uns verhalten und wie wir kommunizieren, betrifft nicht nur uns selbst, sondern ebenso den Patienten oder die verschiedenen mitinvolvierten Menschen. Wir wiederum sind davon betroffen, wie die "anderen" ihren Prozess erleben und wie diese kommunizieren. Für den Patienten oder den sterbenden Menschen konkret heisst das, dass er darauf angewiesen ist, *wie* wir mit ihm und untereinander in Kommunikation stehen - und *wie gut* wir das machen.

Auf Grund unserer persönlichen, privaten und beruflichen Erfahrungen möchte ich die Wichtigkeit des Kommunizierens aus systemischer Optik etwas näher aufzeigen:

- Wer gehört zum Umfeld des kranken oder sterbenden Menschen? Wer hat in irgendeiner Weise mit ihm respektive mit seinen nächsten

Angehörigen eine Bindung? Sind es Einzelpersonen, oder/und sind es Systeme?

- Wer übernimmt in seiner persönlichen oder beruflichen Stellung Verantwortung dafür, dass möglichst alle betroffenen Personen mit einbezogen werden?
- Welches ist mein persönlicher, privater oder beruflicher Platz in bezug zum kranken oder sterbenden Menschen? Setze ich mich kommunikativ ein? Weiche ich aus? Weshalb? Wann? Wo hole ich mir bei Ratlosigkeit und Hilflosigkeit Hilfe? Gehöre ich auch zu einem System? Zu welchem? Bin ich in offenem Kontakt zu meinem System? Mit welchen Systemen ist meine Kommunikation auch noch gefragt? Erkenne ich meine Kompetenzgrenzen bezüglich meines Auftrages?

Im weiteren werden wir uns mit folgenden Fragen beschäftigen:

- Wie lerne ich die verschiedenen Äusserungen des kranken Menschen besser verstehen und respektieren?
- Wie kommuniziere ich als persönliche Bezugsperson oder als Berufsperson mit ihm?
- Welchen Stellenwert gebe ich der Kommunikation innerhalb der verschiedenen Systeme, mit denen ich verbunden bin?
- Gehe ich auf andere zu, spreche ich mit ihnen, oder wende ich mich aus Betroffenheit oder Scheu ab?

Fallbeispiel:
Als Psychologin in einer Kinderklinik nehme ich als Beispiel ein Kind mit einer schweren Krebserkrankung. Aus meiner Erfahrung sind folgende Systeme (also Menschengruppen) in die Sorge um das Wohl des Kindes involviert:

- die Familie;
- die Verwandtschaft;
- der Freundeskreis des betroffenen Kindes;
- seine Freizeitgruppe;
- der Freundeskreis der Familie;
- die Schulklasse;
- die Schulklassen der Geschwister;
- die Lehrer/innen;
- der Hausarzt;
- die Spitalärzte;
- das Pflegepersonal;
- die Betreuerinnen im Spital wie Spitalpädagogin, Lehrerin, Sozialarbeiterin, Psychologin;
- die Kirche;
- die Nachbarn;
- die Geschäftskollegen/innen der Eltern ...

Im Erkennen dieses Bezogen-Seins und Zusammenwirkens all dieser vielen Menschen mit ihrer je eigenen Geschichte, ihren Gefühlen und Bedürfnissen wird uns die Komplexität, aber auch die Wichtigkeit des bewussten Kommunizierens klarer.

Um die theoretischen Überlegungen zum systemischen Denken und Kommunizieren zu veranschaulichen, will ich aus der Krankengeschichte von Fabian erzählen. Seinen Eltern Gabi und Moritz sei an dieser Stelle herzlich gedankt. Ihnen ist es ein Anliegen, dass diejenigen, die einen sterbenskranken Menschen kennen und begleiten, offener und ehrlicher werden gegenüber dem Patienten und untereinander.

Fabian wurde im Februar 1995 wegen unklarer Kopfschmerzen und Schwindel in die Kinderklinik eingewiesen. Durch medizinische Abklärungen wurde ein Hirntumor diagnostiziert, der innert wenigen Tagen im Universitätsspital Zürich operiert wurde. Fabian kam nach der Operation bald auf die Kinderklinik zurück und erholte sich überdurchschnittlich gut und schnell.

Fabian war in herzlichem Kontakt zu den Schwestern der Abteilung, bekam verschiedenste Besuche von Verwandten, Schulkameraden und Bekannten. Zudem unterhielt er sich unkompliziert mit den Zimmerkameraden.

Damals entstand die tiefe Beziehung zum leitenden Arzt, der sein künftiger "Doktor" und sein inniger, "grosser" Freund wurde. Fabian blühte wieder auf, aber die Eltern und die Ärzte wussten Bescheid: Fabian hatte einen sehr aggressiven Krebstumor. Das Risiko eines Rückfalls oder von Metastasen war gross. In dieser Phase knüpften der Arzt und ich als Psychologin der Kinderklinik den ersten Kontakt zu den Eltern und zu Fabian. Erstes Anliegen war, den Eltern ehrlich Auskunft über die Krankheit, die Behandlungsmöglichkeiten und deren Begleiterscheinungen aufzuzeigen. Die Eltern sollten in ihrem Begleitprozess mit ihrem Kind entscheiden, welche Art von Behandlung und psychologischer Betreuung sie wünschten und wen sie wann über die Krankheit informieren wollten.

Obwohl rat- und fassungslos, blieben die Eltern immer offen für Gespräche und stellten Fragen. Durch Familiengespräche und ein Geschwistergespräch wurde Melanie, die um drei Jahre ältere Schwester von Fabian, an den gemeinsamen Tisch geholt. Für sie, mitten in der Pubertät, war es längere Zeit äusserst schwierig, ins Spital zu kommen und an Gesprächen teilzunehmen. Erst zu einem späteren Zeitpunkt, bei Hausbesuchen, öffnete sie sich und konnte ihren Abschiedsprozess von ihrem Bruder, der von starken Gefühlsausbrüchen oder energischem Schweigen bis zu persönlichen, herzlichen Kontakten begleitet war, nach aussen leben. Zwischen den Eltern, Fabian, seiner Schwester, dem Arzt, einer Oberärztin, dem Schwesternteam und mir wurden die Behandlungspläne und ein Notfallprocedere besprochen und abgemacht. Die Eltern entschieden, dass vorläufig nur von einem Hirntumor gesprochen werden sollte, sie Fabian bei genauem Nachfragen die Wahrheit sagen würden. Für Fabian wurde eine regelmässige Psychotherapiestunde bei mir abgemacht. Die Eltern vereinbarten bei mir Gespräche nach eigenem Gutdünken. Zudem wurde Peter Fässler-Weibel ins Begleiterteam einbezogen und mit der Betreuung des Vaters und Melanies betraut.

Nach der Hospitalisation wurde Fabian während Wochen täglich bestrahlt. So schnell wie möglich ging er wieder, zum Teil reduziert, in die Schule und pflegte mit seinen Freunden seine Freizeitbeschäftigungen. Seine Mutter hatte schon zum Zeitpunkt der Hospitalisation von ihrem Chef die Erlaubnis erhalten, die Arbeit bis auf weiteres einzustellen. Der Vater bekam während der gesamten Krankheit Fabians mehrmals die Möglichkeit, Überstunden zu kompensieren oder Ferien zu verschieben.

Bis auf wenige Ausnahmen zeigten die meisten Verwandten, Bekannten, Arbeitskollegen/innen eine grosse Scheu, in offene, regelmässige Kommunikation mit Fabian und seinen Eltern zu treten. Bis zu diesem Zeitpunkt blieben alle Systeme, ausgenommen die verschiedenen Spitalsysteme, in sich geschlossen, und die Kommunikation war spärlich. Die Hilflosigkeit und Ratlosigkeit mag sie blockiert haben.

Die einzelnen Familienangehörigen selbst reagierten in ihrem Prozess sehr individuell und zeitlich unterschiedlich. Fabian, ein von Natur aus humorvoller, herzlicher, aber eher etwas zurückhaltender Junge, verschloss sich an gewissen Tagen. Dann wieder war er fröhlich, kontaktfreudig.

Bemerkenswert war, wie genau er sich seine Leute bis zum letzten Tag seines Lebens auszuwählen begann. Er bestimmte, wann er mit wem und wie lange Kontakt haben wollte. Sehr subtil drückte er sich in Worten, aber noch viel mehr in Gesten und mit seinem Blick aus. Häufig hatte er kein Bedürfnis zu reden, dafür machte es ihm Freude, zu spielen, mit einem Besuch seine Lieblingsmusik zu hören, seine Eisenbahnanlage oder ein anderes Hobby vorzuführen, etwas gemeinsam zu essen oder sich wohlig die Füsse oder den Rücken massieren zu lassen.

Es gab Momente, da waren beide Eltern hilflos, schwach und verhielten sich zurückgezogen, dann wieder behielt eines der beiden die Energie, organisierte alles und tröstete sogar Verwandte und Bekannte. Dann wieder kippte die Situation, das andere übernahm die Rolle des Optimistischen und Kraftvollen.

Melanie war ihrem Bruder zum Teil sehr nahe, verteidigte ihn vor den Eltern, aber stritt auch heftig mit ihm. Sie verstärkte zudem ihre Aussenkontakte mit Freundinnen und im sportlichen Bereich. Die Lehrer der beiden Kinder waren mit den Eltern und zum Teil mit dem leitenden Arzt und mir in Kontakt.

Eine merklich spürbare Vertiefung der vielen mittlerweile geknüpften Beziehungen trat im Sommer 1996 ein, als Fabian auf seinen eigenen Wunsch zum zweiten Mal operiert wurde.

Auf privater Ebene wurden mehr und qualitativ herzlichere Kontakte zum Patienten und der Familie gepflegt. Die professionellen Gruppierungen (Systeme) verstärkten ihren Austausch und planten noch konkreter bevorstehende Notfallmassnahmen. Das Begleitteam, das heisst der leitende Arzt und Peter Fässler-Weibel sowie ich, besprachen ihre Präsenzzeiten und den weiteren je einzelnen und gemeinsamen Behandlungs- resp. Begleitungsplan und begannen nach der Rückkehr von Fabian ins Elternhaus, ihn und seine Familie regelmässig zu Hause zu besuchen.

In akuten Situationen wurde Fabian für mehrere Stunden bis einige Tage hospitalisiert, und sowohl er wie seine Familienangehörigen wurden von den allen bekannten Schwestern betreut und begleitet. Die Physiotherapeutin wurde zur Entlastung für die Eltern und für Fabian zugeschaltet.

Der Schulsilvester, den Fabian mit seiner ganzen Schulklasse verlebte, bleibt sicher ein eindrückliches Erlebnis für alle. Alle waren da, alle waren sich der schweren Krankheit von Fabian bewusst, alle waren nachdenklich, fürsorglich - aber in Anbetracht des Ereignisses waren alle auch fröhlich. Alle kommunizierten gemeinsam mit ihrem Lehrer in mannigfacher Weise mit Fabian und untereinander.

Ende Januar 1997 musste Fabian wieder ins Spital. Unzählige kleinere und grössere zwischenmenschliche Kontakte zwischen Fabian, den Familienangehörigen, den Schulkamerad/innen, Freunden, Bekannten, dem Spitalteam und dem Begleitteam fanden statt.

Am Sterbebett von Fabian gab es traurige, ernsthafte Gespräche, es gab humorvolle Momente, es wurde geweint und gelacht, und es wurde viel und in einer eindrücklichen Art gemeinsam geschwiegen. Fabian war hellwach, aber häufig zu geschwächt, um viel zu reden. Aber in seiner vertrauten Art hat er sich uns bis zuletzt verständlich machen können. Es fand ein unvergesslicher gegenseitiger Abschied zwischen ihm und all seinen vertrauten Bezugspersonen statt.

Er hat uns im Februar für immer verlassen.

Wenn wir den Krankheitsverlauf von Fabian überdenken, bekommen wir eine Vorstellung, wie viele Menschen mit ihm innerlich und äusserlich einen Weg und einen Prozess machten. Aus eigenen erlebten Geschichten wird uns bewusst, wie anspruchsvoll und schwierig es ist, beim Patienten zu "bleiben", und wenn man sich noch so traurig und hilflos fühlt. Kommunizieren heisst dann vor allem, den Menschen in seinen Bedürfnissen und in seiner Würde ernst zu nehmen und verstehen zu lernen. Es heisst auch, sich mit seinen eigenen Möglichkeiten und Grenzen auseinanderzusetzen.

ZWISCHEN PATIENT UND ANGEHÖRIGEN ALS SCHWESTER

Beatrice Marti-Suter

Sterbende verstehen lernen kann nur der, der am Bett des Sterbenden nicht vorbeigeht, sondern verweilt, sich aufhält, miterlebt und teilnimmt.

Ich arbeite an der radio-onkologischen und medizinischen Klinik im Kantonsspital Winterthur. Unter den Patienten sind Menschen, die ich in ihrer letzten Lebensphase begleite. Eine Pflege ohne Einbezug der Angehörigen ist für mich nicht denkbar. Das heisst nicht, dass die Angehörigen Hand anlegen müssen in der körperlichen Pflege, sondern dass sie, wie das Wort sagt, zum Patienten gehören und das Recht haben, den Sterbenden zu begleiten, am Bett zu verweilen, informiert zu werden, dass sie einfach dazugehören.

Ich erachte es als Pflegende als meine Aufgabe, nebst dem Patienten auch die Angehörigen zu unterstützen. Mein Bestreben ist es, hinter den Angehörigen zu stehen, damit sie dem Patienten näher sind, und nicht zwischen dem Patienten und der Familie. Manchmal müssen wir dazwischenstehen, ich werde später darauf zurückkommen.

Pflegen heisst also, nicht nur die physischen Bedürfnisse zu erkennen und sie zu behandeln, sondern auch die psychischen Anliegen wahrzunehmen und sie in die Pflege einzubeziehen. Das heisst für mich, dass ich den Patienten so schnell wie möglich und so gut wie möglich kennenlernen möchte; seine Anliegen und Wünsche muss ich kennen, um ihm eine gute Pflege anbieten zu können. Umgekehrt müssen der Patient und seine Angehörigen wissen, was im Spital alles möglich ist. Ich will auch erfragen, ob, wieviel und wo die Angehörigen Unterstützung brauchen. An einem Beispiel möchte ich Ihnen dies darstellen:

Ein schwerkranker Patient wird notfallmässig zur stationären Bestrahlungstherapie eingewiesen. Er wird im Rollstuhl von seiner Ehefrau und der Tochter geschoben. Nur sehr mühsam und mit viel Hilfe kann er ins Bett gebracht werden. Er verlangt im Moment nur Schmerzfreiheit und Ruhe. Er erlaubt mir, mit seinen Angehörigen ein Gespräch zu führen über seine Pflege zu Hause, seine jetzigen Wünsche und Anliegen. Ich verspreche ihm, ihn danach über die Abmachungen zu informieren. Er ist dankbar, nicht selbst sprechen zu müssen, da er erschöpft ist und die Schmerzspritze ihn müde macht. In einem halbstündigen Gespräch erfahre ich so seine pflegerische Krankengeschichte, lerne sein Umfeld etwas kennen und werde über seine Gewohnheiten informiert. Von den Angehörigen erfahre ich ihre Erwartungen an uns Pflegenden, wir treffen Abmachungen diesbezüglich. Die Angehörigen lernen die Pflegephilosophie unseres Teams kennen. Ich zeige ihnen ihre Rechte auf. Die Ehefrau kann mir klar sagen, dass sie einen Teil der körperlichen Pflege übernehmen will, auch im Spital. Wir legen genau fest, was dies sein wird. Damit die Kontinuität der Pflege gewährleistet ist, wird alles schriftlich festgehalten, vor den Augen der Angehörigen. Ich mache also die Pflege transparent für sie; dies ist der beste Grundstein zur guten Zusammenarbeit. Die Pflegeerfahrungen, die die Ehefrau zu Hause gemacht hat, übernehme ich im Spital; dies trägt sicher zum Wohlbefinden des Patienten bei. Die Frau und die Tochter gehen an diesem Abend erleichtert nach Hause. Die anstrengende Pflege, die Verantwortung und der nahende Tod des Lebenspartners und Vaters haben die Frauen an den Rand ihrer Kräfte gebracht.

Wie eingangs erwähnt, soll man teilnehmen am Geschehen. Teilnehmen heisst für mich, einen Teil übernehmen. Das heisst zuhören, verstehen lernen. Den Hauptteil der belastenden Umstände werden die Angehörigen selber tragen müssen. Ich kann der Familie aber ein Umfeld schaffen, in dem sie sich wohlfühlt, wo sie Zeit findet, mit dem Sterbenden zusammen zu sein, in Ruhe abschiedlich zu leben, wo sie Ansprechpartner findet. - Der Patient lebte nur noch fünf Tage, fürsorglich betreut von den Angehörigen mit uns.

Sie können mir jetzt mit Recht entgegnen, dass nicht alle Patienten sprechen können, um ihre Wünsche zu äussern, oder Angehörige haben, die dies übernehmen können. Das stimmt. Aber zum Glück gibt es auch die nonverbalen Äusserungen kranker Menschen. Der Gesichtsausdruck, die Haltung, die Gestik drücken viel aus. Patienten, die sich nicht mehr selbst bewegen können, lagern wir alle drei Stunden auf die andere Seite um. Wenn sie auch nicht sprechen können, merken wir trotzdem bei fast jedem, welches seine Lieblingslage ist, wie er ruhiger liegt, wie er sich am besten entspannen kann. Es gilt, genau zu beobachten.

Bei einem sterbenden Patienten, der nicht mehr sprechen konnte, merkte ich, dass er immer besonders unruhig wurde, wenn er die Stimme eines Sohnes hörte. Nach dessen dritten Besuch, als ich sicher war, dass ich mich nicht täuschte, sprach ich mit ihm darüber. Ich teilte ihm meine Beobachtung mit. Er fragte mich, woran dies wohl liegen würde. Ich gab ihm zu bedenken, ob irgend etwas zwischen ihm und dem Vater ungeklärt oder aufregend sei. Der Sohn kam am Abend nochmals vorbei und besuchte den Vater alleine. Danach sagte er mir, dass er etwas Wichtiges erledigt und dem Vater mitgeteilt habe. Beide schienen entspannter. Der Vater starb zwei Tage später.

Was zwischen Vater und Sohn besprochen wurde, geht mich nichts an, das ist die Privatsphäre der Familie. Wichtig ist, dass ich die Beobachtung, die der Sohn gar nicht wahrnehmen konnte, mitteilte. Damit gab ich ihm die Chance, noch vor dem Tod des Vaters etwas zu verändern.

Damit will ich zeigen, dass Teilnehmen wichtig ist, aber Nichteinmischen dazugehört. Vielleicht muss ich mich noch deutlicher ausdrücken. Es steht mir nicht zu, an medizinischen oder paramedizinischen Entscheidungen, die Patienten getroffen haben, zu rütteln.

In den letzten Wochen haben wir einem Patienten auf seinen Wunsch hin Schlangengift eingerieben. Dies war für ihn sehr wichtig, und er glaubte an die Heilkraft. Ich bin sicher, dass der Glaube an dieses Mittel ihm in der Verarbeitung seiner Krankheit geholfen hat.

Sterbende verstehen lernen heisst für mich, kommunizieren. Dabei kommt es auf meine Haltung, meine Einstellung an. Erst das genaue Hinhören ermöglicht mir das Antworten. In Michael Endes Buch "Momo" habe ich eine so treffende Stelle über das Zuhören gefunden: "Sie konnte so gut zuhören, dass Unglückliche und Bedrückte zuversichtlich und froh wurden. Und wenn jemand meinte, sein Leben sei ganz verfehlt... und er ging hin und erzählte alles der kleinen Momo, dann wurde ihm, noch während er redete, auf geheimnisvolle Weise klar, dass er sich gründlich irrte, dass es ihn, genau so wie er war, unter allen Menschen nur ein einziges Mal gab und dass er deshalb auf eine ganz besondere Weise für die Welt wichtig war." Dies als Sterbender zu spüren, dass man als Mensch so sein kann, wie man ist, einzigartig und wichtig, verleiht Kräfte und Zufriedenheit und fördert die Lebensqualität.

Die Kommunikation kann aber auch verschlüsselt sein. Der Patient oder die Angehörigen können zwischen den Zeilen Botschaften übermitteln. Diese Botschaften gilt es anzusprechen. Das muss mit Feingefühl und sehr behutsam geschehen. Erst wenn ich meinem Gegenüber deutlich machen kann, dass ich ihn gehört und verstanden habe, kann er sich öffnen. Oft entstehen dadurch die wichtigsten Gespräche und zeigen, was der Sterbende noch braucht oder was ihn sehr beschäftigt. Da können wir an Grenzen stossen. Es kann sein, dass wir den Weg zusammen nicht finden, dass er wohl froh wäre, über Probleme zu sprechen, wir Pflegenden für ihn aber die falschen Ansprechpartner sind. Sicher finden wir eine geeignete Person: das kann der Arzt, die Sozialarbeiterin, der Pfarrer, ein Psychiater oder in unserem glücklichen Fall hier in Winterthur Peter Fässler-Weibel sein. Eine neutrale Person ist nötig, bei der der Patient etwas deponieren, etwas aufarbeiten kann. Nicht jede Situation muss oder kann von den Betreuern gelöst werden, aber es kann der Weg geebnet werden zu einem ruhigeren Sterben.

Die Kommunikation kann auch in Bildern stattfinden. Ich erinnere mich an einen ganz speziellen Menschen, der mich sehr beeindruckt hat. Er hatte in seinem Leben vieles ausprobiert. Er hatte verschiedene Berufe ausgeübt und lebte sogar einige Zeit als Clochard in Paris. Als ihm seine sehr fortgeschrittene Krebsdiagnose bestätigt wurde, machte er uns klar, dass er nicht über Sterben und Tod sprechen möchte, sondern leben wolle, bis der Tod ihn einhole. Auch als sein Zustand sich sehr verschlechterte, sprach er nicht über das Sterben. An einem Morgen zog ich den Vorhang auf, und zusammen sahen wir, dass über Nacht der Novembersturm viele Blätter vom Baum vor dem Fenster weggefegt hatte. Es berührte den naturverbundenen Patienten sehr, dass plötzlich nur noch wenige Blätter am Baum geblieben waren. Er überlegte laut, wie dies wohl bestimmt würde, welche Blätter schon früh abfallen und welche etwas länger vom Winde hin und her bewegt würden. Ich schob ihm das Bett ganz ans Fenster, damit er die Blätter zu Füssen des Baums sehen konnte. Dies gefiel ihm. Wir sprachen über die Nahrung und die Kraft, die diese Blätter dem Baum wieder spenden, also über den Naturkreislauf. Unter anderem sagte ich ihm auch, dass es ganz besonders farbige Blätter gebe, die ich nie vergessen würde. Das war unser Sterbegespräch. Als der Patient starb, legten wir ihm einige Blätter von seinem Baum in die Hände.

Ich möchte noch einmal auf die Lebensqualität zurückkommen. Sehr bestimmend für eine gute Lebensqualität ist sicher die Schmerzfreiheit; erst dann wird Energie frei, um an andere Dinge zu denken. Nebst den Beziehungen ist sicher das Umfeld sehr wichtig. Dies kann auch sehr verschieden sein. Für die einen ist Ruhe und Einsamkeit richtig, für andere kann Betrieb, Besuch, Musik ganz beruhigend wirken.

Einem sterbenden Patienten, der keine Angehörigen hatte, mussten wir versprechen, ihn nicht aus dem Vierbett-Zimmer zu fahren, bevor er gestorben sei. Er wollte Stimmen hören, am Leben im Zimmer passiv teilnehmen, einfach nie allein sein. Diesen Wunsch konnten wir ihm dank dem Verständnis der Mitpatienten erfüllen. Wir stellten einen Paravent ums Bett; so konnte der Patient alles hören und hatte trotzdem noch eine Privatsphäre zum Sterben. Er starb dann auch am Tag und nicht in der ruhigen Nacht.

Einem anderen Patienten war das Leben nur lebenswert, wenn er rauchen konnte. Er verbrachte all seine Zeit noch auf dem Balkon. Beim Rauchen schlief er aber oft ein und gefährdete sich sehr. Es ärgerte ihn auch, dass er schon zweimal Löcher in das Deckbett gebrannt hatte. Eine Schülerin kam auf die glorreiche Idee, eine Feuerdecke bei der Hausfeuerwehr zu bestellen. Fortan konnte der Patient unbeschadet rauchen; so war für ihn das Leben lebenswert.

Aber glauben Sie ja nicht, dass immer alles reibungslos abläuft. Das kann an uns Pflegenden liegen, an unserer Befindlichkeit, an unserer schlechten Laune. Es kann Pflegesituationen geben, welche uns ekeln oder zu welchen wir uns überwinden müssen. Dies erschwert eine ehrliche Beziehung zum Patienten. Oder unsere mangelnde Geduld ist spürbar und überträgt sich auf Patienten und Angehörige. Zeitmangel kann auch eine Rolle spielen. Es ist sehr wichtig, solche Gefühle im Team zu besprechen, sein eigenes Verhalten zu überprüfen. Bei Ermüdungserscheinungen sind wir in der glücklichen Lage, die Patienten einer Kollegin übergeben zu können oder vom Team neu motiviert zu werden. Auch von den Patienten und ihren Angehörigen her können Probleme auftreten. Die gegenseitige Ablösung der Sterbenden und der Angehörigen kann unterschiedlich sein. Die Patienten können ihren nahenden Tod schon angenommen haben, die Angehörigen leben noch mit der Hoffnung auf Besserung. Peter Fässler-Weibel beschreibt diese Situation in seinem Buch "Nahe sein in schwerer Zeit". Dies erleben wir oft. Die Wünsche des Sterbenden können sich dann plötzlich ändern, dies ist für die Angehörigen schwer verständlich. Die Ablösung findet für die Angehörigen schmerzhaft statt. Diese Probleme zeigen sich dann oft in der Nahrungsaufnahme. Für den Sterbenden spielt das Essen und Trinken keine Rolle mehr. Er isst und trinkt nichts mehr. Auch den Lieblingstee, gekocht und mitgebracht von seinem Lebenspartner, rührt er nicht mehr an. Für die Angehörigen bedeutet Essen und Trinken aber Weiterleben. Alle wichtigen Ereignisse in unserem Leben werden mit Essen oder sicher mit Trinken untermauert. Da können Konflikte entstehen zwischen Angehörigen und Pflegepersonal. Die Angehörigen finden, dass wir uns zu wenig bemühen, dem Patienten das Essen einzugeben oder das Trinken anzubieten. Im Essen- und Trinken-Eingeben liegt ja auch eine Zuwendung, die dann plötzlich verlorengeht.

Wir zeigen den Angehörigen dann, wie sie dem Patienten den Mund befeuchten können. So können sie ihm das Durstgefühl ersparen, und gleichzeitig sind sie sehr nahe bei ihm. Die Pflegende stellt sich damit wieder an das Bettende.

Ich habe Sie nun überschüttet mit Beispielen. Solche erlebt man nur, wenn man sich beteiligt, eingibt, wie eingangs erwähnt, am Sterbebett verweilt. Voraussetzung ist, dass man sich immer wieder mit der eigenen Sterblichkeit auseinandersetzt. Die Pflegenden müssen ihre Grenzen kennen. Oft sind wir ohnmächtig. Anteil nehmen können wir nur, wenn Sterbende uns Anteil nehmen lassen, sonst müssen wir das Schweigen aushalten.

Ich erzählte einer jungen Patientin, welche wir drei Monate lang pflegten und die uns sehr Anteil nehmen liess an ihrem Sterben, dass ich diese

Überlegungen hier veröffentlichen würde. Sie gab mir den Auftrag, Ihnen auszurichten, dass Abschiednehmen nicht erst beim Sterben beginne. Ich habe ein Gedicht gefunden, das ausdrückt, was die Patientin sagen wollte. Leider kenne ich den Autor nicht.

Abschied nehmen
sich trennen
aufgeben
einen Teil von sich selbst
etwas
dem Wind
überlassen
den Fluten
dem Wasser
das Sterben lernen
jeden Tag
ein wenig
für das Neue
das folgt

Zum Schluss hoffe ich, dass Sie gespürt haben, dass ich den Titel des Beitrages auch hätte ändern können - nämlich: *Mit* dem Patient und den Angehörigen als Schwester.

BEZIEHUNGEN ZWISCHEN KRANKEN, ANGEHÖRIGEN UND PFLEGENDEN

Käthy Gyger-Stauber

Damit Kranke, Angehörige und Pflegende in ihrer eigenen Situation und Auseinandersetzung einen Platz finden können, bedürfen sie einer gegenseitigen und wechselwirksamen, offenen Beziehung zueinander und untereinander. Um diesen Beziehungen eine Basis zu geben, ist es wichtig, dass einige grundsätzliche Spielregeln berücksichtigt und eingehalten werden, letztlich um zu unterstützen, dass die beschriebenen Beziehungskombinationen einander nicht konkurrieren, sondern sich gegenseitig unterstützen.

Anhand einiger Beispiele aus meiner Arbeit als Krankenschwester in einem Hospiz für AIDS-Kranke möchte ich aufzeigen, wie Begegnungen untereinander gelebt und gepflegt werden können.

Die Arbeit mit Schwerkranken und Sterbenden beinhaltet einerseits eine umfassende medizinische Betreuung und Pflege in der Institution stationär lebender AIDS-Kranker. Andererseits befinden sich die Pflegenden häufig in der Situation, sich auch mit deren Angehörigen auseinanderzusetzen, ihnen zu begegnen.

Ich erlebe immer wieder die Tendenz, dass Pflegende auf ihre Interpretationsgabe abgestützt beurteilen und werten und sich in eine Beziehung einlassen oder sich einer solchen (z.B. aus Zeitmangel) entziehen. Das Reflektieren von Begegnungen mit Kranken und Angehörigen hat meiner Ansicht nach oft zuwenig Raum. Das heisst nicht, dass keine Möglichkeiten dazu bestünden. Die Notwendigkeit als solche wird nicht immer erkannt, es trotzdem hier und da ganz bewusst zu tun. Die persönliche Haltung und damit verbundenes Handeln bleiben oft unreflektiert. Die eigene Auseinandersetzung mit der Arbeit beginnt sich auf die organisatorische Ebene zu konzentrieren. Dass damit vielen möglichen Problemen ausgewichen werden kann, liegt auf der Hand.

Ich glaube, dass es wichtig ist, Pflegenden in solchen Institutionen regelmässig ein Feed-back zu geben und, wenn notwendig, Hilfen von aussen anzubieten, damit Auseinandersetzungen am Ort gelebt und nicht "nach Hause genommen werden".

Es wurde mir zu einem wichtigen Anliegen, mein eigenes Handeln und meine eigene Auseinandersetzung mit Betroffenen zu reflektieren.

Während meiner ganzen Pflegezeit vertrat ich diese Ideen und Vorstellungen aktiv und nahm mir Zeit, sie gegenüber Teammitgliedern zu begründen.

Mit dieser Haltung und Überzeugung eine umfassende und jeder Situation gerechte "Sicherheit" seitens der Pflegenden als Ziel zu formulieren, wäre wohl vermessen. Viel eher habe ich den Eindruck und die Hoffnung, dass ich in der offenen Auseinandersetzung mit Kranken und Angehörigen nach Wegen suchen kann, im Moment konstruktiv reagieren zu können.

Ich vertrete die Ansicht, dass wir es immer wieder bewusst erfahren müssen (und zulassen sollten), dass wir Menschen mit ihrer Einmaligkeit begegnen. Wir haben es mit ihrer Geschichte und ihrem Sterben und Sterben-lassen/Los-lassen zu tun. Für die Direktbetroffenen ist das Geschehen einmalig und wird es bleiben. Trotz unseres Wissens (und Nichtwissens) steht es uns also nicht zu, mit Selbstverständlichkeit anzunehmen oder zu erwarten, dass Krankheit und Tod eines Mitmenschen einfach angenommen und akzeptiert (und verkraftet) werden! Aussagen wie: "... also diese Mutter sollte doch endlich begriffen haben, dass ihre Tochter sterbend ist - die soll sich jetzt nicht so unmöglich verhalten ..." dürften in dieser Form nicht mehr gemacht werden, nirgends, wo mit Schwerkranken und ihren Angehörigen gearbeitet wird!

Ich möchte, dass wir Ängste, Aggressionen, Hilflosigkeit, Trauer, Wut, Schweigen, Passiv- oder Aktivsein von Schwerstkranken, Sterbenden und deren Angehörigen wahrzunehmen wissen, ohne über- oder abzuwerten, ohne abzulehnen oder uns dagegen zu wehren. Wir müssen lernen, damit ohne persönliche Ressentiments umzugehen. Gelingt uns dies nicht, brauchen wir Hilfe von aussen, um in unserer Arbeit weder abzustumpfen noch auszubrennen.

Ein weiterer wichtiger Punkt, der unsere Kommunikationsformen und -muster stark beeinflussen und prägen kann, ist unsere eigene Geschichte, unsere persönliche Biographie. Ich denke, dass wir deshalb unsere Geschichte und damit zusammenhängende Interpretationsmuster und Begegnungsformen kennen sollten. Wir haben uns diesbezüglich ernst zu nehmen, um bewusst auf einer gegenseitigen Kommunikationsbasis mehr Verständnis und Akzeptanz für alle Beteiligten zu erreichen. Unsere eigenen Gefühle werden oft "kontrolliert" durch uns selber, d.h. nicht gezeigt. Empfinden wir Trauer, Hilflosigkeit und Ohnmacht, so zeigen wir diese Gefühle manchmal nicht einmal gegenüber Mitarbeiter/innen. Dennoch bin ich überzeugt, dass wir es brauchen würden, unsere Emotionen zuzulassen und zeigen zu können, ohne uns deswegen unverstanden oder nicht mehr akzeptiert zu fühlen. Unser Empfinden trägt mit dazu bei, wie wir Menschen begegnen, bestimmt unser Verhalten anderen gegenüber mit.

So wie wir lernen müssen, Reaktionen von Kranken und Angehörigen zu erkennen und auszuhalten, müssen wir lernen, mit unseren eigenen Reaktionen konstruktiv(-er) umzugehen, sie zuzulassen, ohne uns dadurch in eine Handlungsunfähigkeit zu manövrieren. Das heisst wiederum, dass wir wohl mitempfinden müssen, um eine gemeinsame Kommunikationsebene zu schaffen. Gleichzeitig aber ist darauf zu achten, dass wir nicht mitleiden, weil wir uns damit in einen persönlichen seelischen Notstand manövrieren würden. Das heisst für mich, dass ich dem sporadisch laut werdenden Ruf nach Abgrenzung, Grenzensetzen, Abschaltenkönnen nur bedingt folgen kann. Denn eine offene und ehrlich gemeinte Begegnung kann nicht immer und unter allen Umständen zeitlich, räumlich und konstruiert begrenzt stattfinden.

Das Sicheinlassen in Gespräch und Handeln erfordert meiner Überzeugung nach ein bedingungsloses Eingehen auf (oder in) die Situation im Moment und unsere uneingeschränkte Solidarität mit den Betroffenen.

Kranken und Angehörigen begegnen heisst nicht nur, mit ihnen Kontakt zu haben, sondern mit ihnen eine Beziehung zu pflegen. Ich habe einige persönliche Gespräche und Begegnungen, d.h. eben Beziehungen zu Kranken und deren Angehörigen als Ausgangslage für ein intensives Reflektieren und eine ehrliche Auseinandersetzung, auch mit mir selber, genommen. (Die Gespräche habe ich nicht auf Band aufgenommen, aber unmittelbar danach rekonstruiert und schriftlich festgehalten.)

Gespräch mit den Eltern von Leo

(am Morgen nach einer Nachtwache)

Vorgeschichte:
Leos AIDS-Erkrankung verläuft seit einigen Tagen akut. Er ist nach vielen epileptischen Anfällen zeitweise nicht mehr fähig zu reagieren, dämmert vor sich hin und hat hohes Fieber. Seine Eltern bleiben fast ununterbrochen bei ihm, beteiligen sich tagsüber an der Pflege und schlafen nachts auf Besucherbetten im selben Zimmer.

Leo isst beinahe nichts mehr, auch das Trinken bereitet ihm Mühe; die Gefahr, dass er beim Schlucken aspirieren könnte, hat zugenommen. In der Nacht mache ich deshalb immer wieder Mundpflege, um damit das Austrocknen der Mundschleimhaut zu verhindern.

Leos Eltern schlafen fast die ganze Nacht durch.

Situation am Morgen:
Leos Vater ist in das Lebensmittelgeschäft in der Nähe Quark und Joghurts einkaufen gegangen. Bei seiner Rückkehr erklärt er mir, dass Leo ja vielleicht Hunger haben könnte. Darauf sage ich

ihm, dass er diese Esswaren auch bei uns verlangen könne. Nur mit dem Essengeben solle er bitte sehr vorsichtig sein, wegen der Aspirationsgefahr. Leos Vater hat Tränen in den Augen, er sagt nichts mehr, zieht sich rasch ins Zimmer von Leo zurück. Mir ist nicht wohl bei diesem Rückzug, und nach dem Übergaberapport an den Tagdienst versuche ich, das Gespräch nochmals aufzunehmen. Aus diesem Grund lade ich Leos Eltern zu einem Kaffee ein. Wir sitzen an der Sonne im Garten.

KGS: Walter, ich habe Deine Tränen vorhin gesehen. Deinen Rückzug in Leos Zimmer habe ich nicht ganz verstanden.

Walter: Weisst Du, ich habe schon bemerkt, dass Du Leo wohl gut und liebevoll pflegst...

KGS: Aber? Was fandest Du nicht gut an meiner Pflege?

Walter: Du hast ihm die ganze Nacht nichts zu trinken gegeben. Ich glaube, dass Ihr, die Ihr immer wieder mit Schwerstkranken und Sterbenden zu tun habt, die Leute verdursten und verhungern lasst, weil es halt einfach so kommen muss, dass jeder hier drin sterben wird an AIDS. Ihr seid das so gewohnt.

Lucia: Aber das darfst Du doch nicht so sagen!

KGS: Walter, ich glaube, dass ich Deine Angst verstehe. Du möchtest, dass Leo nicht zusätzlich zu leiden hat und dass es ihm an gar nichts fehlen soll.

Walter: Solange er doch isst und trinkt, glaube ich.... (Pause)

KGS: Ja. Ich kenne Euren Sohn erst seit einigen Wochen, seitdem er hier hospitalisiert ist. Ich habe in der letzten Zeit seinen Krankheitsverlauf intensiv wahrgenommen und festgestellt, dass Leo zunehmend müder geworden ist. Er musste die Fähigkeiten, für sich selber zu schauen, immer mehr abgeben. Er kann sich verbal immer weniger klar mitteilen. Und nun ist er nicht einmal mehr imstande, zu schlucken, sich seine Ernährung zu sichern ...

Walter: Ist es denn so schlimm?

KGS: Weisst Du, wenn Leo Ess- und Trinkbedürfnisse hätte, denke ich, würde er sich nicht widerstands- und reaktionslos Mundpflege machen lassen. Er würde vielleicht am feuchten Tupfer saugen wollen, zu schlucken versuchen, unruhig sein oder werden. Diese Reaktionen blieben aber diese ganze Nacht aus. So habe ich nicht gewagt, den Versuch zu machen, ihm Flüssigkeit oder Halbflüssiges zu geben. Wenn er aspirieren würde, hätte er mit grosser Wahrscheinlichkeit bald eine Lungenentzündung, und diese würde wiederum mehr Schmerzen verursachen und noch mehr Fieber.

Walter: Aber wenn er Durst bekommt?

KGS: Wenn Du, Lucia oder wir feststellen, dass Leo Durst hat, können wir ihm eine Infusion verabreichen. Das tun wir aber in der Regel nur, wenn wir den Eindruck haben, dass wir damit Leiden lindern können, oder wenn Kranke dies ausdrücklich so wünschen. Leos Leben aber mit Infusionen zu verlängern, in der gegenwärtigen Situation..., ich weiss nicht, ob dies richtig wäre und ob er dies wollte.

Walter: Ich habe halt einfach Angst und möchte nur das Beste für Leo.

Lucia: Leo ist aber so ruhig, scheint zu schlafen. Die Schmerzen werden mit den Medikamenten, die Ihr ihm spritzt, nicht mehr so heftig.
(Pause) Es ist, als wäre er manchmal schon weit weg ...

KGS: Walter, ich glaube, Deine Angst zu verstehen. Ich versuche, Dir mein Handeln oder Nichthandeln dieser Nacht zu erklären. Wenn Du möchtest, dass wir Leo eine Infusion stecken, denke ich, dass Du mit unserem Hausarzt heute reden solltest. Ich möchte seinem möglichen anderen Entscheid nicht vorgreifen, und es liegt mir sehr viel daran, Leo die bestmögliche Pflege und Betreuung zukommen zu lassen.

Lucia: Hast ihn gern, den Leo, gäll?

KGS: Ja. Weisst du, es ist auch mir wichtig, dass er nicht noch mehr zu leiden braucht.

Walter: So wie Du mir das erklärt hast, weshalb er heute Nacht nichts zu trinken erhalten hat, leuchtet es mir schon ein. Vermutlich hast Du ja recht, und eigentlich verstehen wir ja nichts von der Pflege von solchen Leuten, im Gegensatz zu Euch, die Ihr alle Fachleute seid. Es ist halt schon so, dass ich nur als Vater meines Sohnes reagieren und empfinden kann.

KGS: Ich finde es richtig, dass Du mir gegenüber direkt darüber redest. In der nächsten Stunde wird unser Hausarzt eintreffen. Bitte besprich mit ihm noch, wenn Fragen und Ängste offen geblieben sind und es Dir einfach nicht so ganz "wohl" ist.

Walter: Aber ich will ja gar nicht sagen, dass Du etwas verkehrt gemacht hast!

KGS: Ich nehme Dir Deine Äusserungen keineswegs übel. Ich denke aber, dass eine weitere Auskunft und Stellungnahme vielleicht helfen würde, Deine Vorbehalte und unsicheren Gefühle im Zusammenhang mit unserer Pflege hier abzubauen.

Walter: Ich werde darüber nachdenken. Danke, dass ich darüber reden konnte. Es nimmt

	mich halt alles so sehr her...
Lucia:	Dabei wissen wir doch beide, dass es dem Ende zugeht...
Walter:	Ja schon... (Pause)
KGS:	Aber Ihr möchtet beide, dass dieses Ende dann ohne zusätzliches Leiden kommt. Das ist Leos und Euer Recht, denke ich. (Pause) Möchtet Ihr sonst noch etwas besprechen?

Walter und Lucia verneinen, verabschieden sich und gehen wieder zu Leo ins Zimmer zurück.

Reflexion:
Es ist mir bis dahin nie passiert, dass mir Angehörige vermittelt haben, ich würde Patienten verdursten und verhungern lassen, weil ich mich ans Sterben der Kranken gewöhnt hätte. Mir wurde ganz mulmig zumute. Ich wusste zuerst nicht, ob ich ärgerlich und entrüstet hätte reagieren sollen. Letztlich habe ich Walters Aussage nicht gegen mich persönlich gerichtet aufgefasst, sondern seine Gefühle und Ängste zu reflektieren versucht und im Verlaufe des Gesprächs meine Wahrnehmungen in der Nacht dargestellt, ohne mich rechtfertigen zu wollen. Waren es Walters hilflose Haltung und die Tränen in seinen Augen, die mich hinderten, heftig zu reagieren, oder meine eigenen, persönlich gemachten Erfahrungen, die mich dazu veranlassten? Ich weiss es nicht. Ich glaubte, in den gemachten Äusserungen eine tiefe Not zu

spüren, merkte auch, dass Lucia Walters Meinung nicht teilen konnte (oder so offen zu teilen wagte). Lucias Frage oder Feststellung "Hast ihn gern, den Leo, gäll", entsprach meinen Gefühlen gegenüber Leo. Beide Eltern spürten und wussten, dass ich Leo liebgewonnen hatte in der Zeit, während der er in unserer Institution begleitet und gepflegt wurde.

Der rasche Verlauf seines Kränkerwerdens, der zunehmende Verlust seiner Kräfte und seine immer ausgeprägtere Hilflosigkeit, sein zeitliches Desorientiertsein, alles zusammen und mein damit verbundenes Wissen oder Ahnen um seinen wohl nahen Tod hat mich traurig gestimmt. Es war, als würde Leo jeden Tag einen Teil seiner eigenen Identität verlieren, und das damit im Zusammenhang stehende veränderte Verhalten kam mir manchmal fast unwirklich vor. Leos Charme und Witz und seine Offenheit waren am Anfang seines Aufenthalts noch in einer Art spürbar, die ahnen liess, wie er einmal gewesen sein mochte, und machte ihn liebenswert. Ich wollte ihm, als er kaum mehr reagieren konnte, erschöpft war von den vielen Epilepsieanfällen, so begegnen, wie ich es vorher tat, als er für meine Wahrnehmung noch reaktionsfähig und mobil war.

Meine Handlungsweise während der Nacht wollte ich auf einer sachlichen Ebene und professionell darstellen, gleichzeitig die Sprache aber so wählen, dass ich verstanden werden konnte. Gerade im Gespräch mit Angehörigen habe ich die Erfahrung gemacht, dass das viele Verwenden von Fachausdrücken letztlich eher verunsichernd statt klärend wirkt.

Ich glaube, dass meine Offenheit gegenüber Leos Eltern es erlaubte, sie darauf aufmerksam machen zu dürfen, ohne mich verletzend zu äussern, dass Leos Leben nicht mit medizinischen Massnahmen verlängert werden sollte, weil dies vermutlich auch nicht Leos Wunsch entsprochen hätte. Dass ich unseren Arzt quasi "anbot", damit Leos Eltern sich meine Aussagen bestätigen lassen konnten, wäre gewagt gewesen, wäre ich mir nicht sicher gewesen, dass wir am gleichen Strickende ziehen würden.

Am Abend dieses Tages liess ich mir von Leos Eltern sagen, dass sie mit dem Arzt gesprochen hätten und er ihnen das gleiche gesagt und aus medizinischer Sicht erklärt habe. Sie fühlten sich nun sicherer und glaubten, die ganze Situation besser verstehen und akzeptieren zu können.

Änderungsmöglichkeiten:
Meine sehr vorsichtige Argumentation kann auch kontraproduktiv und verunsichernd wirken auf die Eltern von Leo. Das bedeutet, dass ich mein Handeln und Nicht-Handeln direkter und bestimmter hätte begründen können, ohne 'ich denke, dass...' oder 'vielleicht hat er...'. Ich bin nie auf die Einwände der Mutter eingegangen: Die beiden Eltern waren sich in vieler Hinsicht nicht einig, auch im Zusammenhang mit Leos Krank-

heit und Vergangenheit nicht. Von Leo und seinen Geschwistern wusste ich, dass die beiden Eltern unterschiedlich Mühe hatten mit dem Lebensstil ihres Sohnes, mit seiner jetzigen Krankheit und dass sie sich fürchteten, jemand könnte davon erfahren. Ihre Ansichten und Wertungen schienen immer wieder Anlass zu Diskussionen zu geben, und ungleiche Meinungen führten zu grossen Spannungen, welche wiederum nicht offen ausgetragen wurden.

Ich hatte Bedenken, in ihre Auseinandersetzung miteinbezogen zu werden, zum Mittel ihrer Uneinigkeit oder Teil ihres Systems zu werden. Die Möglichkeiten, etwas zu verändern, zu bewirken, wären nicht gegeben gewesen. Ich hätte diesbezüglich lediglich auslösend, aber nicht begleitend und auffangend oder mindestens mittragend "wirken" können. Ich war auch nicht bereit, an Leos Stelle zum "Objekt" von Auseinandersetzungen zu werden. Leos beide Geschwister hatten sich aus diesem Grund stark zurückgezogen, sich distanziert, weil sie sich nicht für die nicht ausgetragenen Spannungen hatten "engagieren" lassen wollen.

Folgerungen:
Solche und ähnliche Gespräche zeigen mir immer wieder auf, dass die Einmaligkeit des ganzen Erlebens und Loslassen-Lernens der Angehörigen von uns bewusst und mit Achtung respektiert werden muss.

Dass Angehörige oft das Bedürfnis haben, auch in der "nun zuständigen Institution" an der Pflege und Begleitung ihrer Kranken beteiligt zu sein, heisst nicht, dass sie die gleichen Standpunkte und das gleiche Verständnis aufbringen müssen wie wir. Die emotionellen Anteile von Angehörigen und Pflegenden sind nie dieselben! Die dadurch entstehende Not und Hilflosigkeit von Angehörigen ist also ebenso ernst zu nehmen wie die Pflege von Schwerstkranken und Sterbenden. Nur so, glaube ich, kann das gegenseitige Vertrauen aufgebaut und erhalten werden.

Meine Begegnung mit dieser Familie war geprägt von einer starken Solidarität mit dem Sterbenden, aber auch mit seinen Angehörigen. Das richtige Mass an Nähezulassen einerseits und Distanzwahren andererseits macht es mir in solchen Situationen möglich, neutral zu bleiben: Wenn ich mehr auf die Differenzen der beiden Eltern eingegangen wäre, hätte die Gefahr bestanden, meinen eigentlichen Auftrag nicht mehr wahrnehmen zu können. Ich bin der Ansicht, dass es sicherlich sehr wohl möglich ist und richtig sein kann, Auseinandersetzungen zweier Partner als Dritte/r (diese "Drittperson" müsste aber dazu ausgebildet sein) zu unterstützen. Dies soll aber von beiden gewünscht werden und setzt ihre Bereitschaft voraus, dass sie als Betroffene mit ihrer Situation, solange sie es brauchen, nicht alleine gelassen werden. Es durften in dieser Hinsicht also gar keine Angebote meinerseits gemacht werden.

Manchmal geschieht es, dass ich, obwohl ich Kranke und Angehörige als Einheit betrachte, sie "trennen" muss. Ich habe mich zu entscheiden, wessen Bedürfnisse in meiner Arbeit, meinem eigentlichen Auftrag entsprechend, prioritär zu behandeln sind.

Begegnungen mit Erich und seiner Mutter

(Das erste Gespräch fand anfangs November statt)

Vorgeschichte:
Erich ist HIV-positv. Vor 13 Monaten habe ich ihn auf einer von mir begleiteten Ferienwoche kennengelernt. Erich war damals zwar von seiner Krankheit gezeichnet, aber körperlich und geistig "fit" und selbständig. Seit dem Januar dieses Jahres löste eine Krankheit die andere ab und machte einige Spitalaufenthalte notwendig. Erichs psychischer Zustand wurde immer auffälliger, und Abklärungen ergaben, dass er an toxoplasmose-bedingten Veränderungen in seinem Hirn litt.

Vor ca. 5 Wochen erfolgte auf seinen eigenen Wunsch der Eintritt ins Hospiz. Erichs Allgemeinzustand war sehr reduziert. Er war nicht mehr imstande, allein zu wohnen und für sich zu sorgen.

Situation jetzt:
Seit etwa drei Wochen schläft Erich nachts vorzugsweise im Wohnraum oder im Aufenthalts-

raum auf der Abteilung, tagsüber zieht er sich mehr oder weniger in sein Zimmer zurück, um Ruhe zu haben oder Musik zu hören, seine mitgebrachten "Schätze" zu geniessen (Bücher, Bilder, Teemischungen, Duftessenzen).

Nachts, sagt er, halte er es nicht aus in seinem Zimmer, er brauche die Nähe von uns und von gelegentlich auftauchenden Mitbewohner/innen. Er sagt auch, dass ihm sein Toxoplasmose-Befall im Hirn Angst mache, er fürchte sich davor zu verblöden*; er spürt, dass er manchmal verändert ist, und realisiert, dass sein Verhalten zeitweise sonderlich* geworden ist, nicht mehr so wie früher.

(*: von Erich selbst gewählte "Definitionen" seines Zustandes)

Erstes Gespräch:

(Erich auf der Couch im Aufenthaltsraum liegend)

Erich: Es ist schön, dass Du so oft Nachtwache hast und da sein kannst. Tagsüber hätte ich nicht so viel von Dir, weil Dein Team ja nicht für mich zuständig ist...

KGS: Weshalb ist Dir meine Gegenwart denn so wichtig?

Erich: Weisst Du, die Ferien im Herbst... (Pause) ... der A. und der R. waren auch dabei und sind jetzt schon gestorben, haben's hinter sich... (Pause) Es kann ja alles so schnell gehen, plötzlich.

KGS: Mit dem Kränkerwerden? Mit dem Sterben?

Erich: Ja, mit beidem. Seit dem Januar geht es nur noch bergab mit mir, immer werde ich schwächer, nichts kann mehr getan werden. Heute bin ich wieder gefallen, die Beine sind mir einfach weggeknickt. Ich habe mir weh getan an der Schulter.

KGS: Deine eingeschränkte Mobilität und dass Du so auf Hilfe anderer angewiesen bist, macht Dir Mühe?

Erich: Ja. Doch ich bin froh, dass ich da sein kann und nicht mehr allein zu Hause bin.

KGS: Hattest Du zu Hause gar niemanden mehr? Keinen Deiner vielen Freunde, von welchen Du immer erzählt hast, noch vor einem Jahr?

Erich: Pikanterweise sind meine Freunde aus der "Homo-Szene" alle nicht mehr abkömmlich oder erreichbar, scheinen mich nicht mehr zu kennen, nichts mehr von mir zu wissen, seitdem ich kränker geworden bin. Dafür habe ich noch meine Mutter und ein paar Frauen ... ausgerechnet!!! ... die zu mir stehen ... und Dich, das ist gut so.

KGS: Was wünschst, was erwartest Du von mir?

Erich: Dass Du, wie jetzt gerade, etwas Zeit hast, bei mir sitzt, ich spüre, dass ich nicht allein bin nachts, keine Angst zu haben brauche. (Er nimmt meine Hand und hält sie fest.)

KGS: Wovor hast Du Angst?

Erich: Jetzt vor nichts, nur vor dem Alleinsein. (Pause) Es ist jetzt dann sowieso Zeit, denke ich.

KGS: Zeit wofür?

Erich: Zum Sterben. (Er lehnt seinen Kopf an meinen Arm.)

KGS: Spürst Du das gerade so?

Erich: Ja, es kommt nur noch darauf an, wie.

KGS: Was meinst Du damit?

Erich: Naja, ob ich von selber sterbe oder... (Pause)

KGS: Oder ob Du Dich umbringen willst... (Das war schon ein vieldiskutiertes Thema in jener Ferienzeit.)

Erich: Ja. Und es gibt noch vieles, das ich nicht vergessen möchte.

KGS: Musst Du noch Sachen erledigen? Etwas "in Ordnung" bringen?

Erich: Ja, weisst Du, ich habe eigentlich Freude gehabt an meinem Leben, es war gut bisher, und ich habe gerne gelebt. Ich möchte ruhig und in Frieden sterben können, wenn ich sicher bin, dass alles in Ordnung gebracht, aufgeräumt worden ist. Das gibt viel nachzudenken. (Pause)

KGS:	Möchtest Du mit mir darüber, über Unerledigtes, reden?
Erich:	Nein, im Moment muss ich selber herausfinden, was noch offen ist. (Pause) Kommst Du zu meiner Beerdigung?
KGS:	Wenn ich kann ... wäre es Dir wichtig?
Erich:	Du musst dann halt frei nehmen, ja, Du musst kommen ..., vermutlich ins Sihlfeld ...
KGS:	Gut, ich werde kommen. Bis dahin werde ich aber wie gerade jetzt immer wieder dasein können für Dich, wenn Du das möchtest. (Lange Pause - Erich hält mich immer noch fest.)
KGS:	Kann ich Dir jetzt noch etwas bringen?
Erich:	Ja, einen Mann ... (Pause)
KGS:	Das könnte nun doch eher schwierig werden ... (wir lachen beide), ich merke aber, dass Du Nähe, Zuwendung und Geborgenheit suchst und brauchst.
Erich:	Ja, Du verstehst mich schon richtig. (Pause) Jetzt bin ich müde, versuche zu schlafen. Bitte komm oft vorbei, und am Morgen möchte ich Dich noch sehen, bevor Du nach Hause gehst.
KGS:	Diese Nacht wird vermutlich so ruhig sein, dass ich häufig bei Dir hereinschauen kann. Du kannst läuten, wenn Du etwas brauchst und nicht selber aufstehen magst oder wenn Du nicht allein sein willst. Gute Nacht.

Reflexion:
Vor mehr als einem Jahr habe ich Erich als sehr liebenswürdigen "Charmeur" kennengelernt. Heute, von der Krankheit stark gezeichnet, geschwächt und trotz des Ernstes unseres Gesprächs, strahlte er den "alten Charme" dennoch aus. Neu war mir seine Suche nach Nähe. Es genügte ihm nicht, mich als aufmerksame Gesprächspartnerin gegenüber zu haben, er wollte meine Nähe spüren. Ich merkte, dass ich dies mühelos zulassen konnte; es war, als würden dadurch die Tiefe und Intensität des Gesprächs, der Begegnung unterstrichen, verstärkt, vielleicht erst möglich.

Erich erinnerte mich "blitzlichtweise" an meine Kinder, welche manchmal mit ihren Sorgen zu mir kommen und ganz fest gehalten werden und körperlich sehr nahe sein wollen. Trotzdem hatte Erichs Verhalten nichts "Kindliches" an sich.

Manchmal hatte er Tränen in seinen grossen, dunklen und tiefliegenden Augen. Er schaute mich fast das ganze Gespräch hindurch an. Ich glaube gespürt zu haben, dass Erich vermutlich nicht nur Angst vor dem Alleinsein, sondern vor dem Einsamsein hatte. Vielleicht hätte ich ihn direkt darauf ansprechen sollen. Andererseits hat er von "seinen Frauen" gesprochen, die noch zu ihm halten ...

Am Anfang unseres Gesprächs versuchte ich, mich in meiner "neuen Rolle" zu finden. Vor 13 Monaten war ich "Kumpel" und Feriengruppen-Mitglied und nur im Notfall "medizinische Anlaufstelle". Jetzt hatte ich in der Institution eine andere Rolle, einen Pflege- und Begleitauftrag, welcher im Vordergrund stand.

Im Laufe des Gesprächs merkte ich, dass sich die Vergangenheit und Gegenwart eben vermischten und daraus eine komplexe Situation entstand, die nicht auf der wie üblich verstandenen Patient/-Pflegeperson-Ebene basierte.

Ich spürte in mir eine tiefe Trauer und Hilflosigkeit und die Mühe, Erich in vermutlich kurzer Zeit loslassen zu müssen. Beide haben wir unsere Verlustsituation geteilt, ohne sie als solche wirklich definiert zu haben. Erichs Aussage, dass er keine Freunde aus seiner gesunden Zeit mehr hat, dass "pikanterweise" sich heute Frauen um ihn kümmern und sorgen, hat mich traurig gestimmt. Ich denke, dass ich auch einen Moment lang glaubte, nach bestimmten "Abgrenzungsmöglichkeiten" suchen zu müssen. Erich ist auf meine Nachfrage, was er denn von mir erwarte, eingegangen, verbal und nonverbal. Das Gespräch hat von da an eine noch intensivere Begegnung ermöglicht. Das offene Thematisieren des nahen Todes und der Möglichkeiten von unterschiedlichem Sterben, das Bedürfnis, allfällige Bereinigungen noch vor dem Sterben zu vollziehen und der Wunsch, dass ich an seine Beerdigung kommen möge, haben für mich letztlich das Grenzensetzen bezüglich Nähe/Distanz überflüssig gemacht, weil im Moment meine ganze Wahrnehmung und Anteilnahme gefordert waren.

Seinen Wunsch nach einem Mann ... Nun, einen Moment lang wusste ich nicht recht, was ich darauf antworten sollte ... und versuchte mit der gegenwärtigen Realität, eben keinen Mann zur Verfügung zu haben, die Situation und den Moment darzustellen. Für einen Augenblick wurde dadurch auch die eher schwere Stimmung unterbrochen, um aber gleich wieder ernst zu werden. Ich denke, Erich während der Ferien so gut kennengelernt zu haben, dass ich sein Bedürfnis interpretieren durfte, ohne ihm zu nahe zu treten. Ich setzte seine Aussage in andere Begriffe um, weil ich diese herauszuhören glaubte. Er bestätigte mir, dass ich ihn richtig verstanden hätte.

Ich bin mir nicht sicher, ob ich den Mut gehabt hätte, seinen angefangenen Satz über Sterbensarten zu ergänzen, wenn wir nicht früher schon lange darüber diskutiert hätten. Ich war heilfroh darüber, dass Erich mich nicht fragte, welche Art ich ihm denn raten würde. Im nachhinein merke ich, dass ich damals vermutlich ziemlich hilflos geworden wäre. Obwohl ich glaube, mich mit Tabu-Themen offener auseinanderzusetzen als noch vor ein paar Jahren, weiss ich, dass ich mich nicht immer sicher fühle dabei und mich manchmal frage, wie ich wohl "richtig" reagieren müsste oder hätte reagieren sollen.

Das Gespräch und die damit verbundene Auseinandersetzung hatten Erich ermüdet. Er wollte jetzt seine Ruhe. Trotzdem hatte er es nicht unterlassen, mich nochmals auf seine gegenwärtigen

Ängste aufmerksam zu machen, indem er sich versichern liess, dass ich regelmässig vorbeischauen würde.

Folgerungen:
Im Laufe des Aufschreibens dieses Gesprächs und der dazu gemachten Gedanken wurde mir klar, dass mein (fast) vorbehaltloses und bedingungsloses Dasein und Teilnehmen an Erichs gegenwärtiger Situation eine Begegnung ermöglicht hatte, die ebenso fortgesetzt werden wie auch abgeschlossen sein konnte. Mein Bewusstsein, Erich nach meinen arbeitsfreien Tagen vielleicht nicht mehr anzutreffen, hat ermöglicht, dass nichts offengelassen wurde, unerledigt oder unausgesprochen blieb, was im Moment wichtig gewesen war.

Das Ansprechen von Tabu-Themen muss immer wieder neu gelernt werden, auch wenn es nicht leicht fällt. Es zu unterlassen, denke ich, hätte zur Folge, dass die von mir vertretene Forderung, den Betroffenen bedingungslos zu begegnen, nicht aufrechterhalten werden könnte. Solch intensive Begegnungen bringen Pflegenden wohl die eigene Endlichkeit näher.

Der Verlauf von Erichs Krankheit hat für meine Wahrnehmung in den nächsten Tagen dramatische und sich rapide verschlechternde Formen angenommen. Erich ist tagsüber zunehmend desorientiert. Zudem ist er zeitweise stuhl- und urininkontinent, worunter er stark leidet, sich deswegen schämt und mit früher vergleicht, wo er doch so Sorge zu seinem Äusseren getragen hat. Er isst und trinkt praktisch nichts mehr. Erich ist innert wenigen Tagen enorm abgemagert und in geschwächtem Zustand.

Situation jetzt:
Erich sitzt zu Beginn meiner Nachtwache noch im Wohnraum. Ich möchte ihn aus Sicherheitsgründen schon anfangs Nacht ins obere Stockwerk bringen, wo er im Aufenthaltsraum verweilen und unter unserer Kontrolle rauchen kann.

Zweites Gespräch:

KGS:	Erich, ich hätte jetzt Zeit, mit nach oben zu kommen.
Erich:	Ich bleibe aber lieber hier.
KGS:	Weisst du, wenn Du rauchen möchtest, kann jemand bei Dir sein und hat den Rest der Abteilung eher unter Kontrolle, als wenn wir hier unten bei Dir sitzen.
Erich:	Na, Du kannst schon gehen, ich kann auch allein hier sitzen.
KGS:	Schau, da hast Du Dir heute ein Loch gebrannt - in Deinen Pullover -, und ich möchte nicht, dass Du Dich noch verletzt mit brennenden Zigaretten, wenn Du beim Rauchen wieder einschlafen solltest.

Erich: Gut ich verstehe. Dann komme ich eben mit. (resigniert)

(Wir fahren mit dem Lift.)

Auf der Abteilung:

Erich: Mich strengt das Gehen an. Und immer dieses Hin und Her ... (Pause) Aber ich sagte, dass ich Euch ja schon verstehe.

KGS: Ich wünschte, ich könnte Deinem Wunsch, unten zu bleiben, entsprechen ... Es ist kalt, soll ich Dir die Heizung anstellen?

Erich: Nein ... Ja ... Bleib aber da.
(Er nimmt meine Hand.)

KGS: Es ist gerade ruhig, ich kann schon etwas da sein.

Erich: Ich habe Angst.

KGS: Wovor?

Erich: Nicht vor dem Sterben, aber dass mir die Zeit nicht mehr bleibt, mich von denen zu verabschieden, die mir noch wichtig waren in der letzten Zeit. Es hat ein paar, die ich gerne noch einmal gesehen hätte.

KGS: Menschen, die Dich hier nicht so oft haben besuchen können in der letzten Zeit oder von denen Du lange nichts mehr gehört hast?

Erich: Ja ... und ich weiss nicht ... (Pause)

KGS: Was weisst Du nicht?

(keine Antwort, lange Atempause)
Möchtest Du sie anrufen, sie kommen lassen?

Erich: Ich habe gar keine Energie mehr, vergesse oft, was ich eben gesagt oder getan habe. Das Telefonieren strengt mich sehr an, macht mir Mühe.

KGS: Soll ich am Morgen jemanden benachrichtigen?

Erich: Tust Du das wirklich?

KGS: Ja, sicher.

Erich: Gut. Es wäre mir wichtig ... (er zählt einige Leute auf) noch einmal zu sehen. Und sag ihnen, dass es pressiert.

KGS: (Ich wiederhole ihm die Namen und vergewissere mich, ihn richtig verstanden zu haben.)
Ich werde morgen früh telefonieren und die Leute benachrichtigen.

Erich: Wenn Du das machst, kann ich jetzt vielleicht ohne Schlafmittel schlafen... oder nein, bring's mir doch.

KGS: Ich werde es Dir hinstellen, entscheiden kannst Du selber, ob Du es dann nehmen willst.

Erich: Scheisse, dass es hier in Spanien so saukalt sein muss!

KGS: Erich, wir sind jetzt gerade nicht in Spanien!

Erich: Wo denn? Weisst Du's?

KGS: In der Schweiz. Und es ist November.

Erich: Aha. Ja, dann sind wir nicht so weit von da weg. Das ist gut so.

KGS: Ich werde Dir das Medikament jetzt holen.

Erich: (Nickt und richtet sich auf der Couch bequemer ein. Wirkt erschöpft und zerbrechlich.)

Als ich das Schlafmittel bringe, schläft Erich bereits. Er braucht später eine kleinere "Portion" für den Rest der Nacht.

Reflexion:
Erichs Selbstbestimmungsrecht wurde durch meine Aufforderung, mit mir nach oben zu kommen, mein Bestehen darauf, dass er nicht allein im Wohnraum bleiben könne, geschmälert, eigentlich zerstört oder kam mindestens ins Wanken. (Diese Ausdrucksformen und Beeinträchtigungen sind nicht selten Gegenstand von ellenlangen Diskussionen im Zusammenhang mit "Selbstbestimmungsrecht der Bewohner/innen" und unserer "Einmischerei" und unseren Vorschriften, welche wir zu vertreten pflegen.) Ich versuchte zwar, dies behutsam anzugehen, nicht einfach über Erich zu verfügen, zeigte ihm deshalb auch auf, welche Gefahren sein Alleinbleiben darstellen könnten. Von früheren Gesprächen mit ihm wusste ich, dass Erich sich davor fürchtete, die Verantwortung für sein Handeln nicht mehr allein tragen zu können. Deshalb versuchte ich, ihm mein Sicher-

heitsbedürfnis und meine Verantwortung darzustellen. Es tat mir leid, Erichs Bedürfnissen nicht entsprechen zu können. Immer wieder verglich auch ich mit früheren Zeiten, und dieses Vergleichen hat mich manchmal hilflos und wütend gegenüber der jetzigen Situation gemacht. Ich glaube, dass Erich dies spürte, auch wenn ich nicht direkt mit ihm darüber sprach. Seine und meine Wünsche im Zusammenhang mit Sicherheit waren nicht die gleichen, aber ich konnte ihn offenbar davon überzeugen, wenn auch nicht mit gutem Gewissen, da ich spürte, ihn verletzt zu haben mit meinen Argumenten.

Trotzdem fühlte sich Erich bevormundet. Er hatte Mühe mit dem Hin-und-Her geschoben-Werden. Und er wollte, wie in den anderen Nächten, nicht alleingelassen werden. Seine Angst, nicht mehr genügend Zeit zum Abschiednehmen zu haben, seine immer grösseren Schwierigkeiten, sich verbal mitzuteilen, und seine zunehmende Schwäche veranlassten mich dann, ihm das Angebot zu machen, jene, die er gerne noch einmal sehen wollte, telefonisch zu benachrichtigen.

Dass er danach das erste Mal seit sehr langer Zeit ohne Schlafmedikament zur Ruhe kommen konnte, hatte sicher mit seinem ausgeprägten Erschöpfungszustand einerseits, andererseits aber vielleicht auch mit meinem Versuch, ihn zu entlasten, zu tun. Ich denke, dass sein Vertrauen, dass ich mein Versprechen einhalten würde, dazu beigetragen hat.

Dem Wunsch, ohne Medikament zu schlafen, es aber in Reichweite zu haben, konnte ich gut nachkommen. Trotz der zeitweiligen Desorientiertheit Erichs versuchte ich seine Autonomie, sein Mitbestimmungsrecht soweit als möglich zu bewahren und zu achten.

Seine örtliche und zeitliche Wahrnehmung war schon seit einiger Zeit ziemlich labil. Es war mir wichtig, ihn mit der Realität zu konfrontieren, ohne zu verletzen. Er hatte dies immer wieder gut akzeptieren können. Manchmal reagierte er auf solche Korrekturen aber auch entmutigt und traurig, wenn er realisierte, dass er wieder ein "Durcheinander" hatte, wie er dann sagte. Diesmal war er einfach zufrieden mit meiner Erklärung, weshalb "es hier so saukalt" war.

Änderungsmöglichkeiten:
Ich hätte Erich zu verstehen geben können, dass seine Aussagen uns/mir gegenüber nicht mehr den gleichen Stellenwert hatten wie zu Zeiten, wo er klarer denken und handeln konnte. Ich hätte ihn auch ohne langes Diskutieren, einfach über ihn bestimmend (und die Verantwortung für ihn übernehmend), wegführen können. Ich hätte ihm das Angebot nicht zu machen brauchen, die Telefonanrufe zu übernehmen, Erichs Mutter hätte dies ja vielleicht am nächsten Tag tun können. Oder ich hätte Erichs Bezugsperson aus dem zuständigen Pflegeteam über dessen Bedürfnisse informieren können, damit diese die Anrufe übernehme.

Ich hätte auch seinem Selbstbestimmungs-Bedürfnis nachkommen, ihn im Wohnraum sitzen lassen und innert ganz kurzen Zeitabständen "Brandkontrollen" durchführen können.

Folgerungen:
Solange Kranke ihre Wünsche und Wahrnehmungen klar, adäquat und geordnet vertreten können, Mitteilungen und Wünsche zusammenhängend und verständlich formuliert werden, ist es nicht schwierig, die Achtung und den Respekt vor ihnen zu erhalten. Sobald aber kontinuierlich abgewägt werden muss, ob gemachte Aussagen wirklich so gemeint sind, wie wir sie empfangen haben, besteht die Gefahr, dass wir Pflegenden anfangen, die Kranken nicht mehr ernst zu nehmen. Dann übernehmen wir oft viel zu viele Funktionen und Entscheidungen, d.h. wir sind im Begriff, solche Kranke zu entmündigen, ihnen ihre Autonomie streitig zu machen.

Die Aussage von Pflegenden, dass Kranke den ganzen Tag schon völlig desorientiert gewesen seien, darf nicht dazu verleiten, sie in ihrer Persönlichkeit zu reduzieren und "über ihren Kopf hinweg" zu entscheiden, ohne den Dialog mit ihnen gesucht zu haben. Unsere Solidarität gegenüber den Kranken wäre in diesem Fall in Frage gestellt.

Es ist wichtig, immer wieder Selbstbestimmungsmöglichkeiten als solche zu erkennen und die Verantwortung für Entscheidungen nur dann zu übernehmen, wenn wir sie erklären können (Beispiel: Sicherheit beim Rauchen) oder wenn wir den Auftrag dazu erhalten haben (Beispiel: Telefonanrufe erledigen). Voraussetzung für diese Forderung ist selbstverständlich, dass noch irgend eine Form von Kommunikation und eine gegenseitige Verständigung, welche aber nicht verbal erfolgen muss, möglich ist.

Ein im Pflegekonzept häufig verankertes Bezugspersonensystem, d.h. dass jeder/jedem Bewohner/in persönliche Bezugspersonen aus dem Pflegeteam offiziell zur Verfügung stehen, darf nicht zu restriktiven Massnahmen führen, indem wir uns der direkten Auseinandersetzung mit den Kranken, für welche wir nicht "so offiziell" zuständig sind, entziehen. Letztlich soll ein/e Patient/in ihre/seine Gesprächspartner/in selber wählen können und die Gewissheit haben, dass die Pflegeperson ihre/seine Bedürfnisse und Anliegen ernst nimmt. Unsere Sensibilität und Offenheit für die gesamte Situation ist also ein wichtiges Instrument, das wir einsetzen müssen, um gerecht handeln zu können.

Begegnung und Gespräch mit Erichs Mutter
(eine Woche nach dem ersten Gespräch mit Erich)

Vor drei Tagen habe ich mich von Erich verabschiedet und ihm gesagt, dass ich zehn Tage frei haben würde. Er protestierte, sagte, dass ich dies "nicht tun könne mit ihm", ich solle doch sonst einmal reinschauen bei ihm, als Besuch ... Da ich an diesem Tag ohnehin in Zürich unterwegs war, konnte ich mich also bei ihm anmelden und trug mich in seiner Besucher-Agenda ein, welche er zu jenem Zeitpunkt noch gewissenhaft führte und die ihm auch half, sein Gedächtnis etwas zu unterstützen.

Erich lag im Wohnraum auf "seiner" Couch, reagierte kaum, als ich kam und ihn begrüsste. Erichs Anblick erschreckte mich und machte mich traurig. Ich hatte trotz allen Wissens um seinen Zustand nicht erwartet, dass es so schnell gehen könnte. Darüber wurde ich mir aber erst bei dieser Begegnung bewusst.

Zehn Minuten später traf auch Doris, seine Mutter, ein. Wir begrüssten uns und sassen lange schweigend bei Erich. Er wollte abwechslungsweise unsere Hand halten oder gehalten werden, meldete dieses Bedürfnis klar an, zwischendurch aber schien er weit weg zu sein. Seine Atempausen zwischen drei, vier Atemzügen schienen unendlich lang. Es war uns nicht klar, wieweit er uns wahrnahm und folgen konnte, was um ihn herum vor sich ging. Manchmal versuchte er etwas zu sagen, aber fast keiner seiner angefangenen Sätze wurde fertig gesprochen, und wir konnten ihm auch nicht helfen, indem wir das, was er sagte, noch einmal aufnahmen, um den Rest seiner Mitteilungen zu erfahren. Meist hielt er die Augen halb geschlossen, und sie wanderten hin und her unter seinen Lidern.

Gespräch:

Doris: Heute gefällt mir Erich etwas besser als gestern. Da lag er die ganze Zeit in seinem Bett, wortlos, und schlief fast die ganze Zeit, reagierte weniger als heute, wenn ich mit ihm zu sprechen versuchte oder ihm einfach etwas sagen wollte.

KGS: Kommst Du jetzt täglich her?

Doris: Ja ... ich schon. Mein Mann bringt mich unter der Woche her, aber er will nicht mitkommen. Er hat dann halt seine Arbeit, und am Abend will er seine Ruhe haben, nichts darüber reden oder hören müssen ... (Pause)

KGS: Du siehst müde aus.

Doris: Bin ich auch. Aber ich komme trotzdem häufig. Hier habe ich wenigstens immer wieder Gelegenheit, mit jemandem zu reden, das tut mir gut. Nachts schlafe ich kaum, es dreht sich dann alles um das, was ich hier erlebe. Zu Hause kann ich nicht reden über das, was mich beschäftigt. Mein Mann erträgt das nicht. Er kann es nicht mehr hören, und er verdrängt alles. Er findet auch, dass ich nicht mit anderen am Telefon darüber sprechen sollte, er sagt dazu, dass wir dann über Erich tratschen. Er erträgt die Situation nicht, entzieht sich ihr vollständig. Er hat sich auch früher zurückgezogen, wenn es schwierig geworden ist.

Als seine Eltern krank waren und starben, habe ich mich allein um sie gekümmert. Das war halt schon immer so.

KGS: Das muss eine ganz schwierige Situation sein für Dich. Du bist zwar nicht allein zu Hause, aber Du fühlst Dich da doch alleingelassen.

Doris: Damit habe ich mich abfinden lernen müssen. (Pause) Weisst Du, ich könnte Beruhigungs- und Schlafmittel nehmen, der Arzt hat mir solche gegeben, damit ich es besser ertrage, sagt er. Aber ich will nicht, ich möchte da sein, wach sein, wenn Erich mich braucht. Er hat auch gewünscht, dass ich bei ihm sein soll, wenn er sterben wird.

KGS: Ohne Medikamente - ich finde Deinen Entscheid richtig - aber sag, wie kannst Du das alles aushalten?

Doris: Es ist ja das einzige, was ich noch tun kann für Erich. (Pause) Ach weisst Du, der Abschied ist ja so lang, so lang ...

KGS: ... und nicht einfach ... (lange Pause)

Erich ist unruhig geworden, will zur Toilette und doch nicht, will aufstehen und doch liegen bleiben, will ein Vollbad nehmen und doch fehlt ihm die Kraft dazu ...

Nachdem wir gemeinsam mit einem guten Freund Erich wieder etwas zu beruhigen konnten und nochmals eine Weile schweigsam dagesessen haben, verabschiede ich mich von Erich und muss ihm versprechen, in zwei Tagen wieder vorbeizukommen. Doris begleitet mich noch zur Haustür.

KGS: Doris, wäre Dir geholfen, wenn Du mich anrufen könntest, wenn Du es für Dich brauchst?

Doris: Könnte ich dies wirklich?

KGS: Ja, ich denke, dass im richtigen Augenblick ein Gespräch oder "das Deponieren" von dem, was Dich beschäftigt, nützlicher sein kann, als wenn Du Dich mit allem, was Dich beschäftigt, ganz alleine auseinandersetzen musst.

Doris: Das Wissen um Dein Angebot ist gut. Ich werde bestimmt auch nur im Notfall, wenn mir die Decke auf den Kopf stürzt, davon Gebrauch machen.

KGS: Tu das. In zwei Tagen werden wir uns vermutlich wieder da treffen.

Doris umarmt mich und lächelt ... das erste Mal an diesem Nachmittag.

Reflexion:

Dass ich auf Erichs Wunsch, ihn auch in meiner Freizeit zu besuchen, eingegangen bin, ist eigentlich nicht alltäglich. Sonst versuchte ich, meine Arbeitszeit im Hospiz von der Zeit in meinem Privatleben soweit als möglich zu trennen, meine Energien bewusst einzusetzen an dem Ort, wo ich eben gerade aktiv zu sein habe.

Als ich Erich an jenem Nachmittag so verändert und schwächer als vor drei Tagen antraf, wurde mir noch stärker bewusst, dass sein Abschied sehr nahe war.

Mein Erschrecken bei meiner Ankunft mag mit meinem eigenen Nicht-wahrhaben-Wollen zusammenhängen. Wissen und Hoffen, spüre ich bei mir, laufen oft diametral auseinander. Beides ist da, und manchmal merke ich, dass ich mich nicht entscheiden kann, ob ich mich nicht doch mit Hoffen von der sich vor meinen Augen abspielenden Realität distanzieren möchte.

Die Begegnung mit Erich und seiner Mutter hat mich tief berührt. Ihre Tapferkeit und Trauer, beides war sehr stark spürbar. Ihre Hilflosigkeit im Zusammenhang mit ihrem Alleinsein zu Hause, ihr Bedürfnis, über ihre Erlebnisse und Sorgen zu reden, glaube ich sehr deutlich wahrgenommen zu haben.

Ich stellte mir gar nicht erst die Frage nach der Richtigkeit meines Angebots an Doris, oder nach der Zuständigkeit. Für mich war klar, dass ihre Aussagen und die Schilderungen ihrer persönlichen Situation Grund genug waren, ihr anzubieten, mit mir Kontakt aufzunehmen, wenn ihr danach zumute war und sie das notwendige Vertrauen mir gegenüber hatte.

Natürlich sind da noch die Pflegenden vom Team, welche letztlich, wenn die Zeit dazu vorhanden ist, auch dasein sollten für Angehörige und deren Begleitung. Ich denke aber, dass die

Verbundenheit zu Doris auf einer anderen Ebene lief, weil wir uns vor Erichs Hospitalisation bereits gekannt hatten.

Die Frage nach Rückzug oder Abgrenzung meinerseits hat sich auch in diesem Moment erübrigt, wie ich schon im Zusammenhang mit Begegnungen mit Erich erwähnt habe. Die Verbundenheit und das Verstehen der Situation, in welcher Doris sich befand, waren wichtig und liessen mich ohne lange abzuwägen das Angebot machen, erreichbar zu sein.

Zum Inhalt und Verlauf des Gesprächs: Ich habe versucht, die Situation zu erfassen, in welcher Doris sich gegenwärtig befand. Mein Besuch dauerte zwei Stunden. Es gab oft lange Pausen, während denen sich jede von uns mit eigenen Gedanken auseinandersetzen konnte oder wir uns ablösten, Erich so nah zu sein, wie er es eben gerade in Anspruch nahm.

Meine Wahrnehmung und mein Umsetzen von Doris' Aussagen in meine Sprache waren eine Art Rückfragen, ob ich sie richtig verstanden und nicht interpretiert hatte.

Zwei Tage später habe ich Erich noch einmal besucht, ich sass lange mit seiner Mutter und auch allein an seinem Bett. Er hatte keine Kraft mehr, sich verbal mitzuteilen. Nur manchmal hat er uns angeschaut, eine haltende Hand gesucht, um dann wieder zu schlafen. Unruhige Momente, wo er plötzlich aufstehen wollte, wurden immer seltener, d.h., sie konnten durch die ununterbrochene Präsenz von uns vermieden werden.

Weitere zwei Tage danach ist er am Morgen gestorben. Seine Mutter war zu jenem Zeitpunkt zu Hause. Bei meinem letzten Besuch habe ich mit ihr noch einen "Rund-um-die-Uhr-Begleiter-Stab" zu organisieren begonnen, mit Leuten, welche Erich viel bedeuteten und bereit waren, einen Teil der Wache in seiner Nähe zu übernehmen. Ich unterstützte Doris, nicht ununterbrochen bei Erich zu sein, wenn sie nicht mehr mochte. Aber ich bat sie, ihn vor dem Weggehen immer zu informieren, wie lange sie wegbleiben würde. Ich bereitete sie darauf vor, dass Erich vielleicht eben gerade dann, wenn sie nicht da sein würde, sterben könnte.

Folgerungen:

In meiner Einleitung habe ich auf die Vielfältigkeit des Erlebens von Schwerstkranken und deren Angehörigen hingewiesen. Meine gesammelten Erfahrungen im Hospiz stellen für mich eine Art Basis für meinen Umgang mit Betroffenen dar, und ich bin mir bewusst, dass ich keine Muster oder Rezepte werde aufzeigen können, wie und was sich in welcher Form entwickeln wird. Ebenso wie ich den einen das Recht zugestehe, dass sie gehalten werden wollen, haben die anderen das Recht, dass man Distanz wahrt. Herauszuspüren, was wann und wo notwendig ist, wird nach wie vor ein Teil meiner Arbeit sein.

Meine eigene Betroffenheit und meine Trauer, die ich stark spürte im Zusammenhang mit Erichs Krankheitsverlauf und Sterben, sollten einerseits zum Ausdruck gebracht werden, andererseits ist es aber wichtig, dass sie mich nicht handlungsunfähig gemacht haben.

Nicht immer gelingt es, Beziehungen mit Sterbenden und ihren Angehörigen so offen zu leben, ihnen in dieser Offenheit zu begegnen. Ich denke, dass es wichtig ist, positive Gefühle, Sympathie und Empathie wirklich zum Ausdruck zu bringen, ihnen Platz einzuräumen in Begegnungen mit anderen. Wenn ich aber Widerstände in mir spüre, anderen gegenüber offen zu sein, denke ich, habe ich diese Gefühle ernst zu nehmen, herauszufinden, woran es liegen könnte, mich damit auseinanderzusetzen und allenfalls die Betreuung an andere abzugeben.

Die Gespräche und die erfolgten Auswertungen sollen aufzeigen, dass sich meine Forderungen nach einer offenen Auseinandersetzung im Kontakt mit Kranken und deren Angehörigen aufdrängt, wenn wir unserem Ziel nach ganzheitlicher Betreuung etwas näher kommen wollen.

Es mag sein, dass innerhalb eines konstanten, belastungs- und tragfähigen Teams einer Institution dieses Ziel eher erreicht werden kann als da, wo das Personal häufig wechselt. Trotzdem scheint es mir wichtig, dass Teammitglieder ausserhalb des Arbeitsalltags die Möglichkeit haben, das Geschehen auf der Abteilung zu reflektieren, um mit ihrer Erfahrung kritischer umgehen zu lernen. Dabei denke ich an die Teilnahme in Balint-Gruppen und/oder fallbezogenen Supervisionssitzungen. Das Reflektieren des Geschehens während der Arbeit ist wichtig. Das Zeithaben und Sich-Auseinandersetzen mit dem eigenen inneren Geschehen darf nicht vernachlässigt werden, und dazu muss Raum ausserhalb des Abteilungsgeschehens gegeben sein.

Unsere persönliche Auseinandersetzung im Umgang mit Kranken, Angehörigen und uns selber muss immer wieder stattfinden und wird nie abgeschlossen sein. Manchmal braucht es wohl etwas Zeit und Mut, das eigene Handeln, Reagieren und eigene Emotionen zu hinterfragen. Dennoch zeigt die Erfahrung, dass sich der Aufwand lohnt. Die Art oder die Qualität, anderen zu begegnen, zuzuhören und mit ihnen zu reden, wird sich verändern.

Was eigenes Handeln und die Haltung gegenüber anderen auslösen und was in Kranken, Angehörigen und Pflegenden ausgelöst wird, kann nur in einer wirklich ehrlichen Begegnung erfahren und erlebt werden. Begegnungen können erst dann zu offenen Beziehungen werden, wenn sich die Beteiligten einander und sich selbst gegenüber im klaren sind, was sie bewirken.

In der Rolle als Pflegende und Begleitende gegenüber Kranken und Angehörigen muss gelernt werden, gemeinsame Begegnungsebenen zu finden oder zu schaffen, damit die Basis für gegenseitiges Vertrauen erreicht werden kann.

In der Einleitung formulierte ich die Forderung, dass Pflegende bereit sein müssen, bedingungslos auf die gegebene Situation einzugehen.

1. Ich erwarte eine Wahrnehmungsfähigkeit, welche frei ist von voreiligen Interpretationen.

2. Beobachtungen müssen reflektiert und gegebenenfalls angesprochen werden.

3. Informationen, Wissen und Fachwissen sollen ihren festen Platz in der Auseinandersetzung haben. Gegebenenfalls sind weitere Fachleute oder Spezialisten beizuziehen, wenn dies im Interesse der Betroffenen liegt.

4. Ich erwarte eine verständliche Sprache, wenn Informationen weitergegeben werden.

5. Die Einmaligkeit der Betroffenen und des Geschehens muss jederzeit respektiert sein.

6. Ich erwarte ein überlegtes und reflektiertes, im Interesse der Betroffenen liegendes, den Umständen angepasstes Handeln.

7. Ich erwarte, dass aufmerksam zugehört und miteinander gesprochen wird und Unklarhei-

ten geklärt werden. Die Gespräche miteinander haben verständnisvoll, ehrlich und einfühlsam zu erfolgen.

8. Emotionen der betroffenen Kranken und Angehörigen müssen ebenso ernst genommen werden wie die eigenen. Emotionen sind grundsätzlich nicht zu werten, sondern als solche, die sie sind, ausgehalten zu werden.

Rückblickend bin ich der Überzeugung, dass diese Grundeinstellung im Umgang mit Sterbenden und ihren Angehörigen es ermöglicht, sich immer wieder in neue Beziehungen einzulassen und diese ohne Ressentiments wieder loszulassen, wenn die Zeit dafür gekommen ist.

ALS ARZT IM SPANNUNGSFELD ZWISCHEN PATIENT, ANGEHÖRIGEN UND GESELLSCHAFT

Urs Aemissegger

Als ich im Frühjahr dieses Jahres um einen Beitrag für das vorliegende Buch angefragt wurde, antwortete ich, ich würde mir dies erst noch überlegen. Ich spürte, dass dieses Gefühl des Zögerns aus der Unsicherheit entstand, ob ich überhaupt zu diesem grossen Thema etwas zu sagen habe. Da gibt es doch die Spezialisten, die Konzepte entwickelt, Bücher geschrieben, schon viele Vorträge gehalten haben. Da gibt es doch Schemen über Sterbebegleitung in Phasen oder Schmerzbekämpfung in Stufen. Und Nebenschemen, die dann zum Zuge kommen, wenn der Übergang von Phase 1 zu 2 nicht klappt oder Stufe 2 und 3 mit Nebenwirkungen behaftet sind. Und wenn man die alle richtig anwendet, erreicht man angeblich das Ziel:

ein Sterben, das im Einklang vor sich geht, mit sich selber, den Angehörigen, den Betreuenden und der Gesellschaft. Ist es aber nicht so - und ich erlebe dies immer wieder -, hat man etwas falsch gemacht. Ich merkte und merke immer mehr, dass Konzepte und Schemen Hilfsmittel sind, die sich dort finden, wo Ungeheuerliches geschieht; dass sie Gerüste sind, auf denen man sich bewegen kann, um sich zu orientieren, auch wo Orientierungslosigkeit ist, wo Angst ist, wo Betroffenheit ansteht. Und ich merkte und merke mehr und mehr, wie Konzepte und Schemen das, was wirklich ist und was passiert, nicht fassen können - ja vielleicht manchmal gar hinderlich sind, die Sicht versperren. Mir wurde immer klarer: Ich kann nur über mich selbst schreiben - über mich in meiner ganz persönlich-eigenen Situation als Mensch, als Arzt, als Begleiter, als Mitglied dieser Gesellschaft - über mich "im Spannungsfeld zwischen Patient, Angehörigen und Gesellschaft".

Ich möchte Sie nun also einladen, in meinen Alltag zu schauen, der etwas sehr Spezielles und doch nichts Besonderes ist.

Ich habe vor kurzem den Kreis der unter 40-jährigen verlassen - ein Übergang hat stattgefunden. Ich durchlief eine "schulmedizinische" Ausbildung, nach dem Staatsexamen arbeitete ich einige Jahre an Spitälern. Vor sechs Jahren eröffnete ich eine Praxis für allgemeine Medizin, die ich seit drei Jahren mit einer Kollegin zusammen als Doppelpraxis führe. Ich verstehe mich als Hausarzt, betreue Schwangere, Neugeborene, kleinere und grössere Kinder, Erwachsene, ältere und alte Menschen, Asylsuchende und solche, die ihre Heimat gefunden haben. Ich arbeite mit Drogenpatienten, begleite HIV- oder AIDS-kranke Menschen, versuche, Sterbenden beizustehen. Ich bin verheiratet und Vater von drei kleinen Kindern.

Einmal kam ein Mann in meine Praxis, nennen wir ihn S. Um die 80 Jahre, etwas vornübergebeugt gehend, Schnauz, Hornbrille, reserviertmisstrauisch. Er berichtete über langdauernde Schmerzen nach einer Gürtelrose, wie sie durchaus auftreten können. Es sei schon viel probiert worden... Ich probierte weiter, und es besserte sich. Er fühlte sich gut aufgehoben, sagte er mir. Kurz darauf kam seine Frau. Immer wieder beobachte ich, dass jemand kommt, auch oder eigentlich für jemand anderen. Es ist, als ob diese Menschen den anderen für zu zerbrechlich halten, um ihn "auszuliefern"; so wollen sie zuerst einmal schauen. So kam dieser Mann für seine Frau, so kommen Mütter oder Väter für ihre Kinder - sie kommen, um zu spüren. Diese Frau, auch über 80jährig, von zierlich-gedrückter Natur, berichtete über eine Oberbauchproblematik, verbunden mit der Bemerkung: "Ich habe halt immer alles in mich hineinfressen müssen." Die Beschwerden besserten sich erfreulich unter einfacher Therapie. Ich untersuchte sie, die schon Jahre nicht mehr bei einem Arzt gewesen war, von Kopf bis Fuss, fand weder körperlich noch im Labor irgend etwas, das unvereinbar gewesen wäre mit ihrem Alter. Einen Monat später begann ein hartnäckiger Durchfall mit Gewichtsverlust, für den ich vorerst keine Erklärung fand. Sie nahm ab. Ich schickte sie zu einer Ultraschalluntersuchung des Bauches. Der Untersucher beschrieb diese, "trotz hochgradiger Einschränkung der Untersuchungsqualität", so, "dass ein raumfordernder Prozess", ein Tumorwachstum also, "zur Zeit nicht gesehen werden könne". Der Ehemann kam mit zur nächsten Besprechung, um die Wichtigkeit der Bemerkung, sie könnten wegen des Durchfalles keinen rechten Spaziergang mehr machen, zu untermalen. Ich schickte sie zu einem Magen-Darm-Spezialisten, der eine Magen- und Dickdarmspiegelung vornahm; auf die Wiederholung der Ultraschalluntersuchung, die kurz zuvor gemacht worden war, verzichtete er aus mir einfühlbaren Gründen. Auch er fand keine organische Ursache für ihr Leiden. Obwohl wir abgemacht hatten, dass sie sich nach dieser spezialärztlichen Untersuchung wieder bei mir melden würde, sah ich sie nicht mehr - den Grund dafür kenne ich nicht.

Erst drei Monate später wurde ich von ihrem Mann zu einen Hausbesuch gerufen: es gehe ihr schlecht, der "Familienrat" habe beschlossen, dass sie ins Spital müsse. Ich musste sie unter der Verdachtsdiagnose eines Darmverschlusses ins Spital einweisen. Wie erschrak ich, als ich einige Zeit später den Operationsbericht des Chirurgen zu lesen bekam, der ein nichtoperables bösartiges Geschwür der Bauchspeicheldrüse gefunden hatte.

Kurz nach ihrer Spitalentlassung stand ihr Mann in der Praxis: warum ich seine Akten nicht vorbereitet hätte, er ginge mit seiner Frau zur Kur, und ich hätte versprochen, dies zu tun. Ich erschrak nochmals, erinnerte ich mich doch nicht an ein solches Versprechen meinerseits, halte mich andererseits aber nicht für einen Menschen, der nichts vergisst. In Eile schrieb ich den Bericht, gab ihn ihm und bat, sie möchten sich nach dem Erholungsaufenthalt melden. Sie taten es nicht; so tat ich es eines Tages, mit einem unguten Gefühl, dem Gefühl, etwas sei zerbrochen. Den Wutausbruch von Herrn S, den ich dann erlebte, hatte ich in dieser Vehemenz nicht erwartet. Er warf mir vor, bei der Überweisung gelogen zu haben, ein Geldmensch zu sein, dass man seine Frau hätte retten können, wenn ich es nur früher gemerkt hätte und mit der "grossen Operation"... Dies habe ihm jemand gesagt, er habe es auch in einer "Krebssendung" so gesehen. Ich war sprachlos - was gibt es zu sagen, wo die Worte fehlen und ohnehin nicht gehört würden? - So schrieb ich einen Brief, in dem ich ihnen ein Gespräch anbot, bei ihnen zu Hause, da Herr S geäussert hatte, mein "Lokal nie mehr zu betreten".

Ich habe nie mehr etwas von diesen beiden Menschen gehört. Wir sind in tiefster Verunsicherung auseinandergegangen. Ich fühlte mich hilflos, war zutiefst betroffen. Warum kamen sie nicht mehr nach der Untersuchung durch den Spezialisten? Woher stammte diese Information von der "grossen Operation", welche in Anbetracht des Alters der Patientin wohl niemand in Wirklichkeit durchgeführt hätte? Vom Chirurgen? Von einem Unterassistenten, einer Schwester, einem Laboranten, einer Röntgenassistentin, einer Raumpflegerin? Oder aus einer Zeitung? Es war ein Moment, in dem ich begriff, "schuldig" werden zu können, ohne dafür verantwortlich zu sein; die Bürde der Schuld zugewiesen zu bekommen, wo Schicksalshaftigkeit abläuft.

So wie es die Angst des Torwarts vor dem Elfmeter gibt, so gibt es auch die Angst des Arztes, etwas zu verpassen. Es ist manchmal sehr schwierig für mich, zwischen vermeintlicher Allmacht und vermeintlicher Ohnmacht hin und her zu pendeln - beide Extreme machen mir Angst, und doch muss ich lernen, irgendwie damit umzugehen.

Ich habe diese Geschichte vor kurzem an einem Treffen zwischen Spital- und Praxisärzten vorgetragen, um herauszufinden, was von unserer Seite her getan werden kann, um derartige Verunsicherungen, derartige Beziehungsbrüche zu vermeiden. Ob wir dies tun können, wird sich zeigen...

Mascha Kaléko, eine deutsche Lyrikerin, hat einmal gesagt: "Vor meinem eigenen Tod ist mir nicht bange, nur vor dem Tod derer, die mir nahe sind; denn bedenke, den eigenen Tod, den stirbt man nur, doch mit dem Tod der anderen muss man leben..."

Manchmal, so habe ich erfahren, ist das Stellen der medizinischen Diagnose ein grosses oder fast unlösbares Problem - aus irgendwelchen Gründen. Und manchmal ist das Stellen der Diagnose klar und einfach - aus irgendwelchen Gründen.

Frau G, sie war 51jährig, als ich sie kennenlernte, resolut und klar im Auftreten, verwitwet seit 10 Jahren - ihr Mann war an einem Krebs der Lungenhäute gestorben -, kam und berichtete über zunehmende Magenbeschwerden, Antriebs- und Appetitlosigkeit sowie Fleischunverträglichkeit. Ich untersuchte sie, und schon bald fragte sie mich, was ich denn vermuten würde. Ich erwiderte, ich hätte das Gefühl, es könnte Magenkrebs sein. Sie sagte mir, sie sei selber darauf gekommen, dass es Magenkrebs sei, und wörtlich: "Wenn Sie mir dies nicht so gesagt hätten, wäre ich Ihnen aus der Praxis gelaufen." Sie war für sich klar, und sie verlangte diese Klarheit.

Die weiteren Abklärungen ergaben einen Krebs, der vom rechten Eierstock ausging und einen Ableger im Bereich der grossen Bauchgefässe hatte. Sie entschied sich für Operation und Chemotherapie, hatte vorgängig "Das Krebsbuch" der amerikanischen Krebsliga gekauft und gelesen. Sie schenkte auch mir ein Exemplar davon. Was sie nach der Operation störte, war, dass man ihr zu wenig genau gesagt habe, dass man den Blinddarm auch mit entferne. Wegen einer Thrombose der Beckenstrombahn musste das Blut verdünnt werden - aufgrund von unklaren Hauterscheinungen musste ich das Medikament zur Blutverdünnung wechseln. Dadurch kam das Gespräch auf ihren Alkoholkonsum - was ihr die Möglichkeit eröffnete, zu sagen, dass sie sich vor zehn Jahren mit ihrem Mann "zusammen begraben" hatte, die Eltern wegen ihr heiraten mussten, sie ihre Mutter als frigide, gefühlskalt erlebte; sie äusserte Wut, weil ihr die Diagnose ihres Mannes verschwiegen worden sei. Sie habe keine Angst vor dem Tod, wisse aber nicht, was sie bis dahin mit sich anfangen solle. Sie klagte über innere Unruhe, Schlafstörungen. Sie habe nun lange genug um ihren Mann getrauert, es sei ihr unklar, warum sie Krebs habe, sie betrachte sich nicht als krank. Bei ihrem Mann sei ihr klar gewesen, warum er Krebs gehabt habe. Um andere könne sie gut trauern, um sich nicht. Sie träumte, eine Katze zu suchen und einen Elefanten zu finden. Sie sagte, sie würde nie mehr die alte sein - war auch froh darüber, wenn die "Rationalität vor den Gefühlen" stand. Es ging ihr besser, als sie für sich akzeptieren konnte, dass diese "Depression", wie sie es nannte, etwas Normales sei in ihrer Situation.

Der Kontrollultraschall sechs Monate nach der Operation war ermutigend, die Chemotherapie ertrug sie gut, die Perücke passte.

Kurz darauf kam sie und sagte, es ginge nicht

gut, die rechte Niere spinne, sie habe ein ungutes Gefühl. Die Computertomographie zeigte ein Nachwachsen des Ablegers im Bereich der grossen Bauchgefässe und beiderseitige Ableger in den Lungen. Sie wollte nach Italien in die Ferien, ich ermutigte sie dazu, gab ihr einen Brief mit den wichtigsten medizinischen Angaben mit - für alle Fälle.

Von dort erhielt ich eine Karte von ihr, welche die etruskische Nekropole oder Totenstadt von Puntone zeigte. Sie schrieb: "Ich bin gut gereist, gut angekommen und hoffe, dass ich Ihr 'Empfehlungsschreiben' nicht benötige! Ich glaube, für die nächsten zehn Tage müssen mir die Etrusker in ihrer Nekropole noch keinen Platz reservieren. Viele Grüsse!"

Nach ihrer Rückkehr sassen wir mit den Spezialisten des Spitals zusammen, diskutierten eine weitere Chemotherapie. Sie war unzufrieden, fühlte sich wie eine "Katze, die sich zurückzieht", kündigte ihre Arbeitsstelle, äusserte Suizidgedanken. Sie erlebe sich im "Kreuzfeuer gutgemeinter Ratschläge", wie etwa jenem, sie solle sich zur Begleitung doch einen Spezialisten suchen, nicht einen Allgemeinpraktiker. Mehrfach äusserte sie, sie wolle nicht zu Hause sterben, um niemandem zur Last zu fallen, aber sie wolle auch nicht im Spital sterben. Ich suchte und suchte einen solchen Ort, wo das Sterben möglich ist; nur - ich fand keinen.

Sie berichtete über Ausfälle von seiten des zentralen Nervensystems, sie habe "das Mass nicht mehr", beulte deshalb ihren Wagen ein, klagte über ein Zuggefühl auf der rechten Seite. Im Computertomogramm des Schädels fand sich eine linksseitige Hirnmetastase. Unter einer hochdosierten Kortisontherapie ging es ihr besser. Sie sei fast erleichtert gewesen über diese Metastase, erklärte sie nachher. Nun habe sie eine Erklärung für das Geschehene, wisse auch, dass sie sterben werde. Sie ordnete ihr Leben und Sterben, fühlte sich "sozial gut abgestützt", wie sie sagte. Die Frage "Wo sterbe ich?" blieb unbeantwortet.

Sie kam in die Sprechstunde, sprach über ihr "Mondgesicht", ihre "Stammfettsucht" und ihre "offenen Lippen" (alles Nebenwirkungen hoher Kortisondosen) und darüber, dass sie nach Salzburg in die Ferien möchte. Sie entschied sich, noch eine zweite Chemotherapie zu versuchen. Ihr Leiden sah sie auch als "Katalysator für andere". Angesprochen auf das, was sie habe, antwortete sie: "Unheilbaren, operierten und medikamentös behandelten Krebs".

Die Chemotherapie griff nicht, die hohe Kortisondosierung konnte nicht reduziert werden, da sie sonst, wie sie sagte, jede Metastase in ihrem Körper spüre; Wortfindungs- und Konzentrationsstörungen sowie die anderen Unsicherheiten wurden stärker. Die Metastasen wuchsen. Es erfolgte eine erneute Hospitalisation wegen tiefer Beckenvenenthrombose, eine Hirnbestrahlung wurde vorgenommen. Sie lernte, sich die blutverdünnenden Mittel selber zu spritzen, machte nach einem Gespräch aller Beteiligten im Spital deutlich, sie wolle nach Hause. Einer ihrer Söhne erklärte sich bereit, sie aufzunehmen. Ich besuchte sie mehrfach dort. An einem Abend sagte sie zu mir, sie fühle sich unruhig, teils wegen einfahrender Schmerzen, teils aber auch deshalb, weil der Tod nicht komme. Ich fragte sie, ob es ihr möglich sei, mir diese Unruhe zu übergeben, denn ich hätte das Gefühl, der Tod komme, wenn er komme. Sie bedankte sich - und verstarb in selbiger Nacht.

Was uns fehlt, ist ein Ort, wo Menschen, die sterben möchten und dies nicht zu Hause oder im Spital tun wollen, hingehen können und qualifizierte Betreuung und Begleitung erfahren dürfen. Ein Ort, wo Sterben Sterben und Tod Tod sein darf.

Ich denke auch an einen Mann, den ich durch seine Freundin kennenlernte. Beide verwitwet, er damals 88jährig, sie 86. Kennengelernt hatten sie sich in der Alterswohnsiedlung, wo beide lebten. Sie waren mehr oder weniger immer beisammen. Um die Jahreswende vor fünf Jahren bekam er eine Lungenentzündung. Bei jemandem, der einen Herzschrittmacher, eine Blutzuckerkrankheit und dieses Alter hat, eine lebensgefährliche Erkrankung. Er wusste das, seine Freundin wusste das, ich wusste das. Er entschied sich, zu Hause zu bleiben, zu genesen oder zu sterben. Sie stimmte zu. Ich organisierte die spitalexterne Betreuung. Der Zustand verschlechterte sich, er fiel nachts aus dem Bett - sie hörte es nicht -, er blieb auf dem Boden liegen, es ging noch schlechter. Sie konnte die Betreuung nicht mehr übernehmen. Ich musste den Patienten zur terminalen Pflege ins Spital einweisen. Er verstarb dort am nächsten Tag - nicht ohne dass noch Röntgenbilder, ein ausgedehntes Labor, eine Herzstromkurve gemacht wurden und sein entgleister Blutzucker mit Insulin korrigiert wurde. Ich war lange Zeit auch Assistent am Spital. Ich erinnere mich noch gut, einmal einen Menschen "zum Sterben" zugewiesen erhalten zu haben, da die häuslichen Strukturen und Ressourcen überfordert waren. Der Patient war terminal. Ich wäre nicht auf die Idee gekommen, seine Ruhe stören zu wollen. Als ich meinem Oberarzt berichtete, fragte er mich, wo das Röntgenbild sei - und auf mein offenbar erstauntes Gesicht antwortete er: "Jeder Patient hat das Recht auf ein Röntgenbild." Dieser Mensch kam dem zuvor, indem er starb.

Ich wünsche mir einen Ort, wo Sterben Sterben und Tod Tod sein darf.

Ich habe von der Angst gesprochen, etwas zu verpassen, der Angst, verurteilt oder beurteilt zu werden. Diese Angst verursacht Aktivismus. Es wird gesucht und häufig auch gefunden. Es wird behandelt und häufig auch geheilt. Manchmal aber nicht. Und dann? Der Übergang von der Abklärung, diesem aktiven Sich-Befassen, zur Begleitung, diesem vielleicht eher passiven Annehmen, kann schwierig sein. Es geht ums Aushalten - aber woran hält man sich dann?

Ich habe bislang zwei Patientinnen mit AIDS bis zum Tode begleitet. Die eine Frau war so alt wie ich, die andere etwas jünger - die Problematik der Sterbebegleitung wird hier akzentuiert durch die Gleichaltrigkeit, aber auch durch den Willen dieser Menschen, dem ich gerecht zu werden versuche - und durch die aktivistischen Therapieansätze der medizinischen Zentren. Der Spannungsraum, in dem es zu Missverständnissen und Unruhe kommen kann, ist besonders gross.

Beide Frauen waren auffallende äussere Erscheinungen. Die eine, eine Fotografin, erzählte mir einmal, dass, als sie bei einem Handballspiel hinter dem Tor fotografierte, der Torwart zu ihr sagte, sie solle anderswo hingehen, sie verwirre ihn. Sie hatte das Gefühl, in ihrem Leben schon so viele Male die "Kurve gekriegt zu haben", wie sie es nannte, dass sie es auch mit dieser Krankheit schaffen würde. Sie irrte sich.

Beide Frauen hatten hochkomplizierte, medizinisch äusserst komplexe Krankheitsverläufe, die all mein diesbezügliches Wissen, selbstverständlich immer in Zusammenarbeit mit den spezialisierten Zentren, all meine Präsenz, all mein Wach-Sein erforderten. Sie hatten klare Wünsche und Vorstellungen, die sich stetig änderten. Der Balanceakt zwischen Eigenverantwortung und Bevormundung gestaltete sich äusserst schwierig. Beide starben im Spital. Der Freund der Fotografin, welcher nicht Schweizer ist, wünschte eine Beerdigung in seinem Heimatdorf. Ihrem Vater war dies egal - solange ihn die Überführung des Leichnams nichts kostete.

Beide hatten sie eine Phase von Drogensucht hinter sich, in der sie sich mit dem HI-Virus infiziert hatten. Beide waren mir als Menschen in ihrer Problematik und ihrer Suche gut spürbar. Beide hatte ich sehr gerne.

Bei diesen Betreuungen kam in mir das Gefühl auf, ich könne zwar einigermassen medizinisch - mit Hilfe -, menschlich und emotional begleiten, dass aber eine Dimension fehle, welche man vielleicht "spirituell" oder "religiös" nennen könnte. Ich begann mich diesen Fragen zu öffnen und zu stellen - begegnete verschiedenen Lehrerinnen und Lehrern und Methoden. Ich spürte, dass das, was "Meditation" genannt wird, für mich ein wichtiges Werkzeug sein könnte.

Sogyal Rinpoche, ein tibetischer Meditationsmeister, der im Westen lehrt, hat einmal gesagt: Wenn er zusammenfassen müsste, um was es in der Meditation gehe, dann sei dies "weit zu werden, offen zu werden" - für sich selbst und für die, denen man begegnet. Ich bin froh, ein Werkzeug in mir zu wissen, das mir hilft, in Situationen, in denen ich mich eng oder in die Enge getrieben fühle - sei es durch mich selbst oder durch

Begegnungen -, wieder Raum schaffen zu können, um atmen, mich bewegen zu können, um meine Freiheit wieder zu spüren. Ich bin froh um dieses Instrument, das auch meinem Gegenüber Raum schaffen kann, wo vieles Platz zu haben scheint, vielleicht sogar mein Nicht-Verstehen. Ich denke, dass ich gewisse Sachen gar nicht verstehen kann - ich kann mir zwar vorzustellen versuchen, was wäre, wenn eine mir sehr wichtige Beziehung abbrechen würde. Aber kann ich mir vorstellen, was in einem Menschen abläuft, bei dem anscheinend alle Beziehungen, seien es nichtmaterielle oder materielle, abzubrechen drohen?

Kann ich Sterbende verstehen? Kann ich es lernen? Oder kann ich als einzig Wirkliches mein Nicht-Verstehen eingestehen? Den Raum dafür schaffen, dass dies geschehen darf? In der buddhistischen Philosophie gibt es klare und praktische Meditationsanweisungen, die sich mit der Begleitung Sterbender befassen. Ich denke zum Beispiel an die Phowa-Meditation. Diese Methoden helfen mir in meinen Begegnungen mit einem Menschen, und indem sie mir helfen, helfen sie ihm.

"Der Tod ist wie ein Spiegel, in dem du die wahre Bedeutung des Lebens erkennst", sagte Rinpoche. Es gibt die Geschichte von einem unbezwingbaren Ungeheuer, das, als jemand ihm in der Verzweiflung ob ebendieser Unverwundbarkeit einen Spiegel hinhielt, zu Tode erschrak. Geht es Menschen ähnlich, die sich im Spiegel des Todes sehen?

"Man stirbt das, was man nicht gelebt hat", sagt C.G. Jung. Ist mir die Trauer über ungelebtes Leben nachvollziehbar? Öffnung zur eigenen Verletzlichkeit hin geht dann, wenn man gelernt hat, sich zu schützen. Ich habe einmal an einem Seminar der Engländerin Phyllis Crystal teilgenommen, die mit ihrer Bild-Meditations-Methode die Welt bereist. Sie spricht von dem Kreis, welchen ein jeder Mensch mit ausgestreckten Armen um sich herum ziehen kann, um sich seinen Raum zu schaffen, sein Haus, seinen Tempel. Alles, was einem begegnet, kommt bis an die Grenze dieses Kreises, nicht weiter. Berühren sich zwei solche Kreise, entsteht Beziehung - treffen sie sich nicht, ist keine Beziehung da - überlappen sie sich, entsteht Abhängigkeit. Dieses einfache Bild, welches wahrscheinlich mehr sagt als tausend Worte, das überallhin mitzunehmen und überall anzuwenden ist, kann Raum schaffen, für sich und für den anderen. Es ist ein weiteres Werkzeug, mit dem diejenigen, die es anspricht, arbeiten können.

Wolf Büntig, ein deutscher Psychotherapeut, sagt: "Jemanden lieben heisst, sich so zu zeigen, wie man ist, und den anderen so zu nehmen, wie er ist." Und schlussendlich ist es ja wahrscheinlich die Liebe, die heilt, wie Pamela Sommer sagt.

Lassen Sie mich schliessen mit einem Zitat von Lao-Tse: "Was die Raupe das Ende nennt, nennt der Rest der Welt Schmetterling."

VOM UMGANG MIT VERLUST

Verena Richner-Zolliker

Der Titel dieses Buches lautet "Sterbende verstehen lernen". Auf dem Weg zu diesem ehrgeizigen Ziel kann es hilfreich sein, das "Wegsterben" eines Menschen unter anderem gleichzusetzen mit "jemanden verlieren". Dabei möchte ich aber zu bedenken geben, dass sich diese Aussage auf den Zurückbleibenden bezieht und wir nicht mit Sicherheit wissen, ob und was der Sterbende verliert, es sei denn "das Wunder des menschlichen Lebens".

Zu Anfang, um unser Ansinnen als eine bescheidene Möglichkeit einzureihen, zitiere ich einen Satz aus der Autobiografie von Doris Lessing: "Auf ähnliche Weise kann man Tag und Nacht bei einem oder einer Sterbenden sitzen und sich noch so Mühe geben, aber das lebendige Bewusstsein, das Wissen um den Tod, wie ihn dieser oder diese Sterbende, der kaum einen Meter weit entfernt ist, erlebt, bleibt unerreichbar, man kann nicht daran teilhaben." Diese Aussage möchte ich in einem wesentlichen Punkt in Frage stellen: Das Wissen um den Tod kann man mit dem Sterbenden nicht mitfühlen, es bleibt subjektiv. Das Bewusstsein der Todesnähe kann man aber erspüren und diese Situation mit dem Sterbenden durchleben.

Um Menschen zu begleiten, muss einmal die Bereitschaft des Mitgehens dasein, d.h. die Anerkennung des Sterblichseins. Für uns Begleiter wirft dies immer und immer wieder die Frage nach dem eigenen Sterben auf, und dann können wir uns eventuell vorstellen, was es für uns selbst, aber nur für uns heisst, das Leben zu verlieren. Dann können wir fragen, was es mit dem Verlust auf sich hat und wie wir gelernt oder nicht gelernt haben, zu verlieren:

- Was verlieren wir denn?
- Wie verlieren wir denn?
- An wen oder was verlieren wir jemanden oder etwas?
- Was bewirkt Verlust in uns?
- Lernen wir verlieren?
- Lernen wir Verlust ertragen?

Verlusterlebnisse, die, wie schon erwähnt, oft nur negativ und mit Verdrängung und Ersatz beantwortet werden, können uns Verständnis für das

Unabänderliche, für das nicht Machbare vermitteln. Sie können uns das Dulden lehren, das Aushalten und später das Jasagen, das Überwinden: Sie können uns Verlust als neu gewonnene Freiheit erleben lassen.

Beobachten wir das Verhalten von Kindern, die mit Verlust konfrontiert werden; ihr Weinen, ihr Toben, ihre Aggression, ihre Negation, aber auch ihre Ablehnung, wenn schneller Ersatz als Trost angeboten wird. Oft führt letzteres zu neuer Wut, aber auch zum frühen Erkennen des Unwiederbringlichen.

Verlusterlebnisse werden oft mit Zorn beantwortet, mit Wut und Aggression. Dies sind unter anderem Gründe, weshalb in Sterbezimmern, am Totenbett, am Grab und beim Erbgang bitterböse gekämpft und gestritten wird.

Nicht zuletzt dieses zu vermeiden ist eine edle Aufgabe der Sterbebegleitung, im Gespräch sowohl mit dem Sterbenden wie auch mit seinen Angehörigen. Auch in der Gesprächseröffnung zwischen beiden Seiten liegt da ein Schlüssel; er öffnet die Tür zu würdigem Abschied und zu schmerzarmer Erinnerung.

Wo wir es lernen, Abschied zu nehmen (abscheiden), braucht Verlust keinen Ersatz. Das "Ab-scheiden", das "Nach-denken", das noch einmal "Durch-leben" befreit vom "Be-sitzen" und macht einem Erinnern Platz, welches immateriell ist (Gerüche, Farben, Formen, Taten, gemeinsam Erlebtes und Erlittenes usw.).

Den Verlust ertragen lernen, verlieren können, wäre eine gute Vorbereitung auf den eigenen Tod, und es ist eine gute Voraussetzung für das Zuhören, Hinhören und Mitgehen bei einem Sterbenden. Ebenso wie im Gespräch mit den Trauernden, zu denen man als Begleiter irgendwann auch dazugehört, gewinnt man doch beim Gespräch mit den Sterbenden Kameraden, Vorausgänger, teilt man doch mit ihnen eine kurze oder lange Zeitspanne.

ZWISCHEN PATIENT UND ANGEHÖRIGEN ALS GEMEINDEPFARRER

Helge Fiebig

Gestatten Sie mir eine Vorbemerkung! Bewusst verwende ich, wenn ich nun vom Pfarrer spreche, die männliche Form. Dies mögen mir jene verzeihen, die zum Zwecke einer gleichwertigen Betonung beider Geschlechter dem Begriff Pfarrer ein grossgeschriebenes "In" oder "Innen" anhängen würden. Nach meiner Meinung erleichtert dies nicht die Lesbarkeit eines Textes und schon gar nicht das gesprochene Wort. Wenn ich allgemein vom "Pfarrer" spreche, dann meine ich selbstverständlich genauso auch die Pfarrerin, für mich eine völlig gleichwertige Berufskollegin, für die ich meines seltenen Vornamens wegen übrigens manchmal selbst gehalten werde.

Nachdem wir uns in den bisherigen Beiträgen von neuem darüber klar geworden sind, mit wieviel Feingefühl wir in einem Prozess der Trauer mit den Empfindungen von Sterbenden, von Betroffenen und nicht zuletzt mit unseren eigenen Gefühlen umgehen müssen, sind wir nun also dabei, uns einem Personenkreis zuzuwenden, welcher von Berufes wegen mit Trauernden zu tun hat.

Ich möchte mit einem geflügelten Wort beginnen: "Und jetzt kommt auch noch der Pfarrer." Eine solche Bemerkung scheint banal zu sein. Freilich verbirgt sich hinter ihr eine Vielzahl möglicher Erwartungen, Hoffnungen und Ängste in bezug auf die Rolle, die der Pfarrer im ganzen Geflecht von Abschied und Trauer spielen wird: ob er passende Worte zu finden imstande ist, ob er Fragen ansprechen wird, über die man vielleicht lieber schweigen würde, und anderes mehr. Sie können mir glauben: Unsicherheit gibt es bei solch einer Begegnung nicht immer nur auf der Seite der Betroffenen.

Wenn ich im folgenden versuchen werde, die Momente nachzuzeichnen, in welchen es zwischen Sterbenden, Angehörigen und Pfarrer zu Kontakten kommt, dann geschieht dies vor dem Hintergrund meiner elfjährigen Berufspraxis als Gemeindepfarrer einer Stadtgemeinde mit relativ intaktem Quartiergefüge. Der Stadtteil, in dem ich arbeite, ist zwar vor bald 75 Jahren eingemeindet worden. Die alteingesessenen Bewohner sagen aber zueinander, dass sie ins Dorf zum Einkaufen gehen.

Man grüsst sich auf der Strasse, man kennt einander, und auch mit dem Pfarrer fühlt man sich manchmal vertrauter, als diesem selbst bewusst ist.

In besagten elf Jahren habe ich an über 250 Trauerfeiern gesprochen. Im gleichen Zeitraum habe ich gut halb so viele Taufen sowie pro Jahr eine Konfirmationsfeier und drei Trauungen vollzogen. Mit anderen Worten: bei keiner anderen Amtshandlung und mithin bei keiner anderen Gelegenheit komme ich mit einem so grossen Spektrum aller Gemeindeglieder in Berührung wie dann, wenn jemand gestorben ist. Und auch umgekehrt gilt für den Durchschnitt der Gemeindeglieder: Wer sich nicht ohnehin schon auf irgendeine Weise am Leben der Kirchgemeinde beteiligt, der erlebt den "eigenen" Pfarrer am ehesten anlässlich eines Todesfalles in der Familie. Das heisst, schon aus dem Blickwinkel eines wie auch immer zu beschreibenden Gemeindeaufbaus fällt der Begleitung von Gemeindegliedern durch den Pfarrer vor, während und nach dem Tod eines Angehörigen eine nicht zu unterschätzende Bedeutung zu. Und noch eine letzte einleitende Bemerkung. Als reformierter Pfarrer bin ich mir dessen bewusst, dass es bezüglich Begleitung und Betreuung Sterbender und ihrer Angehörigen gewisse Unterschiede in der Praxis der römisch-katholischen und der evangelisch-reformierten Kirche gibt. Wo diese besonders deutlich erkennbar sind, werde ich das erwähnen.

Ich möchte nun sieben Bereiche schildern, sieben Stationen sozusagen, an welchen der Weg vorbeiführt, den der Pfarrer mit Mitgliedern seiner Gemeinde geht, die vom Tod betroffen sind. Kürzlich hatte das reformierte Pfarrkapitel Winterthur eine Tagung zum Berufsbild Pfarrer. "Sind wir Hirten oder WegbegleiterInnen?" hiess es in einem der Referate. Ich meine, gerade auf dem schweren Stück Lebensweg, von dem wir nun reden, bin ich beides: ein Hirte, der in einem gewissen Sinn Halt vermittelt, der vorangeht, Ängste abbauen helfen soll; aber ebenso auch Wegbegleiterin (es referierte in diesem Fall eine Frau), die bei einem Trauernden ist, die den Weg mitgeht, ihn aber nicht selbst bestimmt. Die sieben Stationen, an denen der Pfarrer teils die Rolle eines Hirten einnimmt, teils den Weg mitgeht, sind die folgenden:

1. Der Tod kündigt sich an:
   Der Pfarrer trifft auf den Schwerkranken und/oder dessen Angehörigen.

2. Der Tod ist nah:
   Der Pfarrer wird ans Sterbebett gerufen.

3. Es läutet:
   Der Pfarrer wird über den eingetretenen Tod unterrichtet.

4. Manchmal die einzige Begegnung:
   Der Pfarrer führt mit den Angehörigen das Trauergespräch.

5. Ein Stück Verkündigung oder ein Ritual?
   Der Pfarrer hält den Trauergottesdienst.

6. Dabeisein bei noch einem Ritual?
   Der Pfarrer erlebt die Angehörigen unmittelbar nach der Trauerfeier beim Leidmahl.

7. Und dann?
   Der Pfarrer begegnet der am stärksten betroffenen Person einige Zeit nach der Trauerfeier.

Der Tod kündigt sich an

In meiner Berufspraxis ist hier als erstes das Spital als einen Ort zu nennen, an dem ich als Gemeindepfarrer mit dem kommenden Tod konfrontiert werde. Im Rahmen einer Absprache mit den Spitalpfarrämtern erhalte ich Einsicht in die Liste der reformierten Patienten. Anhand der Adresse finde ich heraus, wer von ihnen aus meiner Gemeinde stammt. Das Datenschutzgesetz verbietet mit gutem Grund, mehr als den Namen, den Wohnort, das Geburtsdatum, das Eintrittsdatum und die Zimmernummer zu nennen. Auch das Pflegepersonal, welches mich ausserhalb der Besuchszeiten ins Zimmer lässt, darf mir keine weiteren Auskünfte über den Patienten geben. So komme ich also ins Spitalzimmer und werde erst hier gewahr, dass ich nun einen todkranken Menschen besuche. Ungefähr jedes zweite Gemeindeglied im Spital ist mir persönlich bekannt, wenn auch manchmal nur flüchtig. Doch schon eine kurze Begegnung in der Vergangenheit kann Hemmschwellen abbauen. Im übrigen ist das Spital auch ein Ort, an dem Pfarrer und Gemeindeglied sich kennenlernen können. Schwieriger wird es, wenn der Patient nicht mehr in der Lage ist, mit dem Besucher zu sprechen. So kommt es vor, dass ich ein schwerkrankes Gemeindeglied besuche und nachher weder weiss, was vorgefallen ist, noch ahne, ob der Kranke mich als den Gemeindepfarrer erkannt hat. Möglicherweise treffe ich am Krankenbett auf eine angehörige Person, der ich den Grund meines Besuchs nennen und durch die ich über die Situation ins Bild gesetzt werden kann. Vielleicht folgen noch weitere Besuche, die sich im Umgang mit dem Sterbenden und mit den Angehörigen positiv auswirken. Kontakte, Beziehungen entstehen, die ihren Ort in der Gemeinde haben und auf dieselbe Art in der Gemeinde kaum stattfinden. Denn eine flächendeckende Kontaktaufnahme mit allen Gemeindegliedern ist mir gar nicht möglich.

Ist ein Gemeindeglied erkrankt, ohne deshalb ins Kantonsspital eingewiesen zu werden - es kann sich also um den Aufenthalt in einem anderen Krankenhaus oder um das Krankenlager zu Hause handeln -, so erfahre ich dies nur dann, wenn ich selbst einen Hausbesuch mache, wenn ich durch ein Mitglied des Besuchsdienstes informiert werde oder wenn mich die betreffende Person oder die Familie so gut kennt, dass sie mich selbst informiert. Offenbar ist aber die Hemmschwelle sehr gross, den reformierten Pfarrer zu einem Krankenbesuch aufzufordern. Besuche beispielsweise von Personen, die aus dem Spital entlassen worden sind, können nur nach einem willkürlichen Verfahren erfolgen. Wen soll ich besuchen, wen nicht? Und: Treffe ich so wirklich auf jene, denen mein Besuch guttut? Hier bin ich an einem Punkt, an dem ich auf indirekte Hinweise aus der Bevölkerung oder noch besser auf direkte Aufforderung zu einem Besuch angewiesen bin.

In der katholischen Kirche ist es durch den Brauch der Krankenkommunion zumindest bei Mitgliedern der Kerngemeinde Usus, dass der regelmässige seelsorgerliche Hausbesuch in Anspruch genommen wird. Aber auch hier kommt Fernerstehenden von sich aus kaum in den Sinn, nach dem Pfarrer zu fragen. Fazit: Wenn der Tod sich ankündigt, findet eine Begleitung durch den Gemeindepfarrer in manchen Fällen statt; sie könnte aber weitaus häufiger in Anspruch genommen und so zu einer Begegnung werden, bei der sich der Sterbende mit den Angehörigen und dem Pfarrer gemeinsam auf den kommenden Tod vorbereitet.

Der Tod ist nah

Nur selten werde ich als reformierter Gemeindepfarrer an ein Sterbebett gerufen. Diese Zurückhaltung seitens der Gemeinde mir gegenüber ist wohl darauf zurückzuführen, dass die Leute meinen, meine wertvolle Zeit nicht für ihre individuellen Wünsche in Anspruch nehmen zu dürfen. Oder die Angehörigen kommen als der Kirche relativ fernstehende Mitglieder gar nicht auf die Idee, nach dem Pfarrer zu fragen, bevor der Tod eingetreten ist. Eine grosse Rolle spielt hier auch die Ansicht, während des Sterbens eines Angehörigen im Spital oder Krankenheim einer Maschinerie von zwingend notwendigen Abläufen ausgeliefert zu sein, die gar keinen Raum mehr für individuelle Bedürfnisse zulassen. Gewiss kann man im Spital nicht einfach schalten und walten, wie man will. Jedoch sind das Pflegepersonal und die Ärzteschaft wesentlich flexibler, als man ihnen gemeinhin zutraut. Wenn der Wunsch besteht, während des Sterbens einen Pfarrer zuzuziehen, sei es den Spitalseelsorger oder den Gemeindepfarrer, so wird das Pflegepersonal dies auch zu ermöglichen versuchen. Auch der Gemeindepfarrer tut gut daran, einer solchen Bitte zu entsprechen.

Das katholische Sakrament der Krankensalbung führt übrigens auch hier dazu, dass der katholische Pfarrer mehr als der reformierte an ein Sterbebett gerufen wird. Dies mag mit der Gewohnheit zu tun haben oder auch mit dem Wissen darum, dass der Priester als Sakramentsverwalter eine klar umrissene Aufgabe hat. Auch hier sei die kritische Frage erlaubt, ob es nicht Sinn machen würde und ob es nicht dem Wunsch des Sterbenden entspräche - unabhängig von Konfession und Religiosität sowie Nähe oder Ferne zur Kirche -, nach Gott zu fragen. Ich meine, auch das wäre ein Stück Vorbereitung auf die nun ohnehin bevorstehende Trauerfeier. Und wenn man sich aus irgendwelchen Gründen scheut, den Kontakt zum Pfarrer zu suchen, so kann es nur hilfreich und der Sache dienlich sein, solche Scheu so früh wie möglich zu überwinden.

Es läutet

Die Mehrzahl meiner Begegnungen mit Menschen im Zusammenhang mit einem Todesfall beginnt erst hier. Wenn jemand unvermittelt stirbt (also durch Unfall, Gewaltanwendung, Suizid oder plötzliche Erkrankung mit unmittelbarer Todesfolge), so sind alle Betroffenen und alle Beteiligten gleichermassen darauf unvorbereitet. Jeder der *care giving agents*, also jener Personen, die von Berufs wegen mit den unmittelbaren Angehörigen oder Betroffenen Kontakt aufnehmen, hat hierbei seine bestimmte Rolle zu spielen, auch der Pfarrer. Dass die seit einigen Jahren in unserer Region durch die "Stiftung Begleitung in Leid und Trauer" bei besonders schrecklichen Ereignissen mit plötzlicher Todesfolge geleistete Notfallintervention unter der Pfarrerschaft manche Irritation ausgelöst hat, kann nicht Gegenstand dieses Beitrages sein. Wenigstens sei hier angemerkt, dass sich viele Pfarrer sowie die Stiftung der Notwendigkeit einer engeren Zusammenarbeit in diesem Bereich bewusst geworden sind und dass dies mancherorts auch schon gut funktioniert.

Gleichwohl machen jene Todesfälle, auf die sich die Angehörigen wirklich nicht haben vorbereiten können, einen recht kleinen Teil aller Todesfälle aus. Die meisten Menschen, denen ein Angehöriger gestorben ist, haben gewusst oder geahnt, dass der Tod bald kommen würde. Aus den verschiedensten Gründen erfahre ich davon manchmal Stunden später, meist einen Tag danach, mitunter auch erst aus der Zeitung oder durch das Zivilstandsamt, welches den äusseren Rahmen einer Trauerfeier (Ort, Zeit und Art der Bestattung) festlegt. Manchmal ist nur noch ein entfernter Verwandter da, der sich - womöglich noch in einer ihm weitgehend fremden Stadt - um alles kümmern muss und der nach Erledigung der zahlreichen Formalitäten auch noch den Pfarrer anruft. Auch läutet es schon einmal an der Tür, und vor mir stehen Gemeindemitglieder, um mir eine Todesnachricht zu überbringen. Werde ich telefonisch informiert, so meist durch eine andere als die am direktesten betroffene Person. Es kommt auch vor, dass der Schock über den Tod eines geliebten Menschen so tief sitzt, dass es für die Hinterbliebenen schlicht eine Überforderung ist, sich bei mir zu melden. Dann versuche ich selbst, den Kontakt herzustellen.

Wenn irgend möglich, verabrede ich mit den Angehörigen eine Zusammenkunft. Nur selten lehnen sie diesen Vorschlag ab, teils mit plausiblen, teils mit undurchsichtigen Gründen. Sanfter Druck vermag sie manchmal umzustimmen. Ist die Wohnung der Angehörigen oder des Toten für mich einigermassen erreichbar und wird diese Idee nicht vehement abgelehnt, so verabrede ich mich mit ihnen im Trauerhaus. Andernfalls findet das Trauergespräch im Pfarrhaus, notfalls am Telefon statt. Viele Trauernde haben den Wunsch, sich möglichst bald mit mir zu treffen. Mitunter werde ich um ein sofortiges Gespräch gebeten. Aber es kommt auch vor, dass Angehörige zur Vorbereitung auf das Gespräch, vor allem für das Verfassen eines Lebenslaufes, noch etwas Zeit brauchen. In der Hoffnung, dass die Angehörigen am besten selbst wissen, was für sie gut ist, und im Wissen um manche Sachzwänge - etwa bei Auswärtigen, die abends womöglich noch weit fahren müssen - gehe ich auf die Wünsche der Angehörigen so weit als möglich ein.

Manchmal die einzige Begegnung

Die Gemütsverfassungen, in denen der Gemeindepfarrer die Trauernden antrifft, können so verschieden sein wie die Menschen selbst. Und das hängt von vielen unterschiedlichen Faktoren ab. Zunächst einmal ist wichtig, ob der Tod als lange herbeigesehnte Erlösung von grossen Schmerzen körperlicher oder seelischer Art empfunden wird, oder als der Abschluss eines reich erfüllten Lebens, oder ob er unvermittelt kam wie ein Dieb in der Nacht. Es spielt eine Rolle, in was für einer Beziehung der Verstorbene zu der Person gestanden hat, die nun mit mir spricht: ob diese Beziehung gut war oder weniger gut, ob es noch Dinge zu bereinigen gegeben hätte, die nun nicht mehr bereinigt werden konnten. Wenn der Tod eines Angehörigen meinem Gesprächspartner nahegeht - das ist nicht immer der Fall -, ist es von Belang, in welcher Phase der Trauernde sich befindet. Steht er unter Schock? Macht er es sich trotz tiefster Trauer zur Aufgabe, im Gespräch mit mir nüchtern zu bleiben? Oder kann der Trauernde in dieser Stunde seine ihn schmerzenden Gefühle nur mit Mühe oder überhaupt nicht unterdrücken? Es ist dies alles möglich; und es ist nicht meine Aufgabe, auch nur in irgendeiner Art eine Wertung vorzunehmen. Einige Beispiele sollen die grosse Bandbreite gelebter Trauer und die sich abwechselnden Verhaltensweisen veranschaulichen:

Nach dem Suizid ihres Mannes verweilt eine junge Frau während des gesamten Trauergespräches in bitterlichem Weinen. Ihre Mutter ist als teils notwendige Informationsquelle dabei - ich muss schliesslich eine Trauerpredigt vorbereiten -, teils wirkt sie auf mich als Fremde. Der Trauerfeier wohnt die junge Frau später - offensichtlich voll Schuldgefühlen und nicht fähig, das Geschehene zu akzeptieren - in betrunkenem Zustand bei.

Nach dem Tod einer hochbetagten und lebenslustigen Frau wird im Hause ihres Sohnes, sobald die wichtigsten Dinge besprochen sind, eine Flasche besonders guten Weines geöffnet. Die kleine Familie hat sich zu einer Art Abschiedsfeier im engsten Rahmen vollständig eingefunden. Die Stimmung ist gelöst, ja fast heiter. Ein langer Lebenskreis hat sich geschlossen. Dennoch fliessen zwei Tage später am Grab Tränen, und zwar von einem gestandenen Mann, selbst schon dem Pensionsalter nah, den kaum jemand zuvor hat weinen sehen.

Ein andermal steht das Betrachten zahlreicher Fotoalben mit Bildern aus alten Zeiten, von Kindheit, Jugend, Familie, Ferien und besonderen Familienfesten fast im Mittelpunkt des Trauergesprächs. Die ersten, mittlerweile nicht mehr farbechten Colorfotos markieren den Zeitpunkt, an dem die erste Auslandsreise erschwinglich wurde. Es berührt mich, wie mir eine alte Frau ohne Bitterkeit von vergangenen, schönen Erlebnissen berichtet. Die nicht so schönen Momente, die es auch gegeben haben mag, hält man ja nicht im Fotoalbum fest. Bei der Trauerfeier wird die verhalten freudige Erinnerung an eine - wie es scheint - glückliche Ehe der Nüchternheit weichen. Tränen fliessen nicht.

Eine alte, alleinstehende, ledige Frau habe ich während Jahren immer wieder besucht. Einfachen Verhältnissen entstammend, hatte sie es beruflich zu einer leitenden Stellung gebracht. Ihre nächste Bezugsperson, eine ebenfalls unverheiratete Frau, hatte mit ihr die Wohnung geteilt und war vor ihr gestorben. So lebte sie allein und zufrieden; nur ihre Beine wollten sie nicht mehr recht tragen. Sie war von bemerkenswerter geistiger Frische; und so waren meine Besuche jeweils gekennzeichnet von einem regen Austausch. Als sie starb, kam ein entfernter Verwandter mit seiner Frau, wohlsituiert, zu einem höflichen, aber distanzierten Trauergespräch. Die beiden gaben sich redlich Mühe, mich in ausreichende Kenntnis über ihre Tante zu setzen. Doch es stellte sich heraus, dass ich manches besser wusste als sie. Und am Ende hatte ich das Gefühl, ich würde nun eine Traueransprache für mich selbst schreiben.

Diese Reihe könnte ich noch lange fortsetzen. Doch schon mit wenigen Beispielen wird klar: Die Art, in der die Hinterbliebenen mit ihrer Trauer umgehen, ist fast jedesmal wieder anders. Sie passen in kein Schema. Sie sind Individuen, sie leben und empfinden je verschieden. So versuche ich, auf meine Gesprächspartner einzugehen, zuzuhören, sie mehr reden zu lassen als selbst zu reden. Denn sie sind es, die von sich und von ihrem Verstorbenen erzählen. Ich lasse mir die letzten Stunden vor dem Tod schildern. Meistens kommt das ganz von selbst. Ich stelle gezielte

Fragen, um mir ein Bild über das Leben des Verstorbenen zu machen. Ich beantworte Fragen, die mir zum Ablauf der Trauerfeier gestellt werden. Ich überlasse - wenn möglich - den Trauernden die Gestaltung des Gesprächs. Und ich lasse mir Zeit. Ich vermeide tunlichst, eine Stunde später schon den nächsten Termin zu haben.

So bildet das Trauergespräch eine entscheidende Voraussetzung für die etwa drei Tage später folgende Trauerfeier. Wenn ich das Gespräch beginne, habe ich noch keine Ahnung, was ich in der Abdankungshalle oder in der Kirche sagen werde. Wenn ich es beende, weiss ich es auch noch nicht. Ich weiss nur: Vielleicht war dies die einzige Begegnung, die ich mit diesen Menschen hatte. Bei der Trauerfeier werden wir uns die Hand geben, ein paar Worte wechseln, mehr nicht. Das Trauergespräch wird um so mehr zu einer Begegnung, die über eine reine Formalität weit hinausgeht.

Ein Stück Verkündigung oder ein Ritual?

Die Trauerfeier ist eine Begegnung besonderer Art. Man sieht sich, man begrüsst sich, man spricht ein paar Worte. Und doch ist das Ganze rein äusserlich ein einziger Monolog. Mag sein, dass in einer Trauerfeier für eine in der Gesellschaft besonders geachtete Person neben der Traueransprache des Pfarrers noch ein Nachruf verlesen wird - die Trauerfeier ist und bleibt eine Zusammenkunft, für welche der Pfarrer die Hauptverantwortung trägt. In aller Regel spricht hier nur er. Niemand wird ihm widersprechen. Das ist eine grosse Herausforderung.

Vom Pfarrer wird erwartet, dass er nun von Gott spricht. Er soll den bis anhin unaussprechbaren Tod beim Namen nennen - man beachte nur die vielen Umschreibungen in Todesanzeigen, welche die Worte Sterben und Tod verhüllend umgehen. Der Pfarrer soll dem Tod seinen Namen ins Gesicht sagen, so wie Jesus in den Evangelien die Dämonen entlarvt und ihnen so ihre Macht nimmt. Der Pfarrer soll mit Macht im Namen Gottes sprechen und so die Liebe und den Trost des Gottes der Bibel in eine Sprache übertragen, von der sich Trauernde getragen fühlen. Der Pfarrer soll aber auch Gefühle der Trauernden ausdrücken, seien es nun Angst oder Hoffnung, Dank oder Zorn, Liebe oder Enttäuschung, Glaube oder Verzweiflung. Der Pfarrer soll von dem Verstorbenen erzählen; es darf dabei auch geschmunzelt werden, zumal wenn der Tote ein humorvoller Mensch war; der Pfarrer soll Lobhudelei ebenso vermeiden wie Belehrung; er soll den Toten vorstellen, als hätte man ihn gar nicht gekannt.

Ein schwieriges, unmöglich erscheinendes Unterfangen? Mag sein. Die Erwartungen von seiten der Trauernden sind gross. Doch ihre Haltung ist auch grosszügig. Unzählige Male habe ich erlebt, dass mir von den Angehörigen - und nicht nur dann, wenn ich sie schon vorher kannte - am Ende des Trauergesprächs ein enorm grosses Vertrauen entgegengebracht wurde: "Sie werden schon die richtigen Worte finden." So etwas macht Mut. Eine solche Aussage ist die Einladung, das begonnene Gespräch fortzusetzen, der Form nach als Monolog, in dem ich alleine spreche, dem Inhalt nach und dem Gefühl folgend jedoch als Dialog, der ja nach der Trauerfeier durchaus seine Fortsetzung finden kann. Dann wird in der Abdankung das von mir formulierte Gebet zu einem Ausruf des Dankes und der Trauer, der Angst und der Hoffnung, wie wenn die Hinterbliebenen und ich es gemeinsam sagen würden. Dann wird die monologische Trauerfeier auch zu einem Ort der Begegnung. Ganz abgesehen davon, dass sie dies als Gottesdienst ja ohnehin schon ist.

Ein Stück Verkündigung oder ein Ritual? Nehme ich das biographische Moment für ein Ritual und das theologische für die Verkündigung, so denke ich: Die Trauerfeier lebt von beiden Elementen. Beide sollten sich gegenseitig ergänzen, und man sollte nicht versuchen, das eine auf Kosten des anderen überzubetonen. Beide machen gemeinsam eine christliche Trauerfeier aus. Und diese kann nur gelingen, wenn beiden ihre Bedeutung zuerkannt wird.

Dabeisein bei noch einem Ritual?

Am Ende des Trauergesprächs oder unmittelbar nach der Trauerfeier kommt es mitunter vor, dass einer der Angehörigen den Pfarrer beiseite nimmt und ihn in gedämpftem Ton fragt: "Herr Pfarrer, Sie kommen doch auch noch mit zum Leidmahl?" Viele meiner Kollegen pflegen eine solche Einladung unter Hinweis auf den ohnehin gefüllten Terminkalender dankend auszuschlagen. Manchmal stimmt das ja auch. Ich weiss: Wenn ich zusage, komme ich unter zwei Stunden kaum davon. Ich ahne aber auch: Hier können in einer meist entspannten Atmosphäre Begegnungen stattfinden, die im Sinne von Gemeindearbeit und Seelsorge durchaus ihren Platz haben. Und ich räume ein, dass ich selbst unmittelbar nach einer Trauerfeier nicht zu höchster Leistung in der Lage bin und mich zu Hause nur dann sofort wieder an den Schreibtisch setze, wenn ich in grosser Zeitnot bin.

So versuche ich abzuwägen: Liegt den Angehörigen wirklich so viel an meiner Anwesenheit beim Leidmahl? Ist es mir ehrlich unmöglich zu kommen? Kann ich bei der Platzwahl im Restaurant selbst aktiv werden, d.h. die Wahl meiner Gesprächspartner mit beeinflussen? Und ich versuche, von der weitverbreiteten Pfarrer-Angst loszukommen, ich würde eine Wertung vornehmen, wenn ich die einen Einladungen annähme und die anderen nicht. Für mich als Gemeindepfarrer ist es gar nicht schlecht, die Hinterbliebenen in diesem Moment der Trauer zu erleben. Und es schadet auch nichts, wenn sie mich als "normalen" Menschen kennenlernen.

Und dann?

Tage, Wochen, Monate vergehen. Für mich als Gemeindepfarrer geht mein Arbeitsalltag weiter. Für die Hinterbliebenen eines Verstorbenen beginnt eine Zeit, die oft durch abgrundtiefe Leere gekennzeichnet ist. Eine alte Frau, die ihren kranken Mann bis an die Grenzen ihrer Kräfte und manchmal darüber hinaus gepflegt hat, hat nicht nur ihren Lebenspartner verloren, sie ist auch der wichtigsten und oft einzigen Aufgabe beraubt worden, die sie noch hatte. Bis an den Tod heran war sie zu beinahe ständiger Präsenz verurteilt; jetzt wird sie nicht mehr gebraucht. - Eine Frau, deren Mann plötzlich aus einem überaus aktiven Leben gerissen worden ist, blickt nun am Esstisch auf einen leeren Platz. Sie, die gerne für sich und ihren Mann gekocht und gern gegessen hat, bringt nun kaum einen Bissen herunter. - Ein alter Mann, dessen Frau weniger gebrechlich war als er selbst, hat diese durch den Tod verloren. Trotz ihrer Schwäche hatte sie im Haushalt manches allein in der Hand, mit dem er jetzt schlicht überfordert ist.

Mir begegnen diese Menschen in der Gemeinde. Und bei jedem Blickkontakt, bei jedem Gruss, vielleicht auch bei einem kurzen Gespräch auf der Strasse wird mir klar: Ich sollte viel mehr Zeit haben und mir viel mehr Zeit nehmen, um diesen Menschen nachzugehen. Mit einem oft unverbindlichen "Sie werden wieder von mir hören" habe ich mich am frischen Grab verabschiedet. Doch dann kommen der Alltag, viele neue Verpflichtungen, manches Unvorhersehbare, dazu auch etliche Mängel an meinem eigenen Organisationsvermögen. Manchmal vergeht eine ganze Woche oder eine noch längere Zeit, in der ich mich einer meiner drei Hauptaufgaben, der Seelsorge, überhaupt nicht widmen kann. Das Mitwirken an einem Buch wie diesem und die sorgfältige Vorbereitung darauf ist ja zum Beispiel auch ein Grund dafür, dass ich viel zu wenig Besuche mache. Aber was ist besser: mich irgendwie "durchzuwursteln" oder die Gelegenheit wahrzunehmen und öffentlich über meine Freuden und Leiden als Gemeindepfarrer zu sprechen?

Meine katholischen Kollegen haben mir - durch die Institution des "Dreissigsten" - auch hier etwas voraus. Zumindest jene Gemeindeglieder, die sich einer Pfarrei in einem gewissen Sinn und über die papierene Mitgliedschaft hinausgehend verbunden fühlen, nehmen das Angebot eines Gedenkgottesdienstes in Anspruch. Er geht auf einen alten, fast vergessenen Brauch zurück. Dreissig Tage nach dem Tod eines Angehörigen wurde geerbt. Im Zusammenhang mit diesem Ereignis und wohl auch als eine Ermahnung an alle Beteiligten, dass niemand den anderen übervorteilen solle, begab man sich zu einer Gedenkfeier in die Kirche. Die Feier ist bis heute geblieben. Sie wird, wenn nicht dafür ein eigener Termin anberaumt wird, z.B. in einen bestehenden Abendgottesdienst integriert. Sie gibt dem Pfarrer die Möglichkeit zu einer institutionalisierten, wenn auch kurzen Begegnung mit den Trauernden, bei der er sich nach deren Befinden zumindest erkundigen kann.

In meiner Gemeinde gibt es den Brauch von Adventsbesuchen. Der Pfarrer geht bei allen Gemeindegliedern vorbei, die im Laufe des vergangenen Jahres einen Angehörigen verloren haben. Bewusst wird für diese Reihe von Besuchen die Vorweihnachtszeit gewählt; denn wenn die Tage immer kürzer werden und sich alle Menschen rundherum scheinbar auf ein harmonisches Fest im intakten Familienkreis vorbereiten, brechen soeben verkrustete Wunden wieder erneut auf. Es kommt zu Begegnungen von grosser Tiefe. Ich sehe in den Häusern in manche unüberwindbar erscheinenden Abgründe hinein. Doch ich werde auch Zeuge davon, dass sich Männer und Frauen von einer Gemeinschaft getragen wissen, die ihnen dabei hilft, ihre Trauer ganz zu durchleben und so schliesslich zu überwinden.

Ausblick

Und dann beginnt bald wieder ein neues Jahr mit neuen Aufgaben, mit schwierigen wie auch hoffnungsvollen Momenten; ein Jahr, das in jeder Begegnung an Sinn und Tiefe gewinnt. Begegnungen mit Schwerkranken und Trauernden gehören dazu. Es ist nicht gut, wenn ich ihnen aus dem Weg gehe: für die Gemeinde nicht, deren Seelsorger ich bin; und auch für mich nicht, der ich mich zwar mit meinen persönlichen Empfindungen zurückhalten muss, der ich aber stets ein Mensch von Fleisch und Blut bleibe, welcher keineswegs über den Dingen steht.

DREI GRUNDVORSTELLUNGEN ÜBER DEN TOD UND DIE AUFERSTEHUNG

Alexander Wunderli-Jungi

Menschen reden verschieden vom Zustand des Totseins. Ich denke, es gibt drei, eventuell vier Dimensionen von Auffassungen: *Das ganzheitliche Sterben* ist die Auffassung der Evangelien. *Wiedergeburt* ist die Auffassung vieler in Ost und West. *Trennung von Seele und Körper* ist die dritte Art, das Totsein zu umschreiben. Auferstehung möchte von etwas Neuem unter der Sonne reden, das also darum unvergleichlich ist. (Religionsgeschichtlich liesse sich das am ehesten mit dem Nirwana Siddhârtha Gautamas, genannt Buddha, vergleichen.)

In Patientengesprächen über die Grenzen werden verschiedenste Auffassungen formuliert. Ein Spital lässt die Vielfalt der Ansichten Sterbender in besonderer Dichte erfahren. Das Aushalten der

Vielfältigkeit individueller Auffassungen hilft, Sterbende verstehen zu lernen, bringt vielleicht sogar in die eigenen Ansichten Veränderungen und Erweiterungen. Diesem weiten Feld wollen wir begegnen, darüber nachdenken, eventuell etwas ordnen, "verstehen".

Ein jung verstorbener Tetraplegiker hinterlässt ein mundgemaltes Bild mit dem Titel "Schwindende Illusionen". Auf Grund ungenauer Berichterstattung wurde daraus zunächst eine falsche Deutung des Bildes gemacht, nämlich eine Anklage an seine Nächsten. Späteres genaues Berichten durch die Begleiterin beim Sterben deutet dieses Bild als Form der Verarbeitung einer schmerzlichen Erfahrung vor dem guten Lebensende.

Interpretation und Deutung

Interpretation wird als das Ausdeutschen einer Botschaft verstanden, die (sinnvollerweise) vom botschaftgebenden Mitmenschen zurückzubestätigen ist.

Deutung (Hermeneutik = von Hermes, dem Götterboten, der den Menschen die göttliche Botschaft überbringt und verdolmetscht) muss ohne Rückfrage auskommen. Sterbende Menschen hinterlassen oft Worte, Andeutungen, Zeichen, wo keine Rückfrage mehr möglich ist. Deutungen sind etwas gefährdet, Missverständnisse zu verursachen. Sorgfältiges Überdenken und Besprechen mit Nahestehenden und Fachleuten kann häufig eine Klärung herbeiführen. Beispiel: Auf der herzchirurgischen Intensivstation wird die Taufe eines sterbenden Jungen von den Eltern erbeten. Der wenige Tage alte Junge schenkt seinen Eltern im genau richtigen Moment je einen persönlichen Augenaufschlag und erdauert schliesslich noch die Ankunft der zweiten Grossmama. Wenig danach stirbt er. Eine Intensivpflegerin gibt spontan eine Deutung: "Der Junge hat sich von Mama und Papa verabschiedet: *'Tschau, mir geht's bald gut.'* Mit dem Eintreffen der Oma ist dann alles in Ordnung." Auf der Intensivstation wird diese Deutung als der Wahrheit nahekommend empfunden.

Kinder stehen menschlichem Urwissen, Grundwissen und Grundverhalten sehr nahe. Das Verhalten des Jungen und die Deutung der Intensivschwester wurden als echt und schön bzw. richtig und gut gewertet. Das Deuten als blosse Reflexe wurde abgelehnt.

Ähnliche Erfahrungen machte eine Mutter einer sterbenden dreizehnjährigen Tochter. Das Lichtwerden des Gesichtchens der Tochter wurde von ihr als ganz starke Trostbotschaft gedeutet. Der hellwerdende Raum beim Sterben (als gute Erinnerung) wurde erwähnt. Das aufmerksame Hinschauen Sterbender in eine bestimmte Richtung, wie wenn etwas Neues auf sie zukäme, wird mehrfach als Erfahrung genannt.

Zum Beispiel des sterbenden Jungen auf der Intensivstation gehört noch die bekümmerte Elternfrage, ob ihr Kind auch nach vollzogener Obduktion ein Engel werden könnte. Zuerst wird spontan das Bedürfnis nach körperlicher Unversehrtheit geäussert. Allerdings findet dann die Entscheidung der Eltern, dass damit anderen Menschen wieder geholfen werden kann, ebenfalls Anerkennung und Verständnis. Ein Verbot, ausgehend vom verstorbenen Jungen, wurde nicht wahrgenommen. Der Gedanke, dass im transzendentalen Bereich körperliche Mängel nicht mehr aktuell sein dürften, wird allgemein hervorgehoben.

Die drei gängigen Todesauffassungen

Ein Dreieck dient als Schema, die drei gängigen Todesauffassungen, nämlich Trennung von Körper und Seele, Ganzheitstod und Reinkarnation (Seelenwanderung), als Eckpunkte einer Wahrheitsfläche aufzufassen, wo jeder Mensch seine Auffassung in etwa festlegt.

Die Überzeugung einer sterbenden Christin war, im Tod ganz und gar ausgelöscht zu werden (Ganzheitstod-Auffassung). Die Frage ihres Seelsorgers, ob denn Auferstehung als etwas Neues hinzukäme, beantwortete sie mit einem grossen breiten Lächeln.

Es mag zuerst überraschen, dass der Ganzheitstod der Auffassung der vier Evangelien entspricht. Jesus von Nazareth starb nach ältester (jüdisch-sadduzäischer) Auffassung ganz und vollständig. Auferstehung war dann das ganz und gar Neue, eigentlich Unsagbare. Auferstehung ist ein Verlegenheitswort, ausgeliehen beim Schlafbereich.

Dass sich von allen Eckpunkten des Dreieckschemas je eine Linie zum jetzt räumlich vorgestellten vierten Eckpunkt als Auferstehung bzw. Nirwana zeichnen lässt (das flächige Dreieck wird zum räumlichen Tetrader bzw. zur Dreieckspyramide), lässt erspüren, dass da mit einer neuen Dimension zu rechnen ist. Zugleich begegnet der Menschheit vom transzendentalen (göttlichen) Bereich her eine grosse Weite.

Botschaften von der Grenze oder fast von drüben, aus dem transzendentalen Bereich, sprechen Menschen an, die Sterbenden nahe sind. Sie klingen in den betroffenen Menschen an und werden oft zu einer Kraftquelle. Das Sterben von Mitmenschen verbraucht nicht nur Kräfte der Begleitenden, sondern kann auch stärken, ermutigen und trösten.

Verstehensschwierigkeiten

Vielfach können Sterbende im Übergangsbereich nichts mehr aussprechen, oder sie werden nicht mehr wörtlich verstanden. Es wird ermutigt, nicht beim wörtlich allzu Wörtlichen zu bleiben. Die letzten Botschaften sind oft vergleichbar mit einer Landschaft in der Abenddämmerung. Die Einzelheiten sind dann nicht mehr ersichtlich, dafür ist die Landschaft in ihrer Ganzheit um so fassbarer. Wie bei jedem Abschied die ausgesprochenen Wünsche gerne umfassende Wahrheiten ausdrücken möchten, so sind die Botschaften Sterbender mehrheitlich als Wesentlichkeiten im grossen Horizont von Werden, Sein und Vergehen zu verstehen. Solche Wesentlichkeiten sind unter anderem:

- *Schliessen des Lebenskreises*
  Beispiel: Eine tödlich verunfallte junge Frau hat in den letzten zwei Jahren vieles endgültig abgeschlossen und zugleich in manchem eine Reife an den Tag gelegt, wie sie üblicherweise erst viel ältere Menschen zeigen. Diese "Botschaft" (aus dem Verhalten) entdeckten die Angehörigen in der Zeit der Trauer.
- *Unfertiges; der scheinbar ungute Übergang*
  Das Beispiel eines unvollendeten Lebensabschlusses kommt zur Sprache. Das sind schwierige, beunruhigende Erfahrungen für die Begleitenden. Sie machen sprachlos. Ist ein solcher Abschied verquickt mit der Ganzheitstodesauffassung, entsteht leicht der Eindruck verstärkter Negativität. Es wird darauf hingewiesen, dass der Tod Christi ebenfalls kein guter war. Nach Markus stirbt Jesus mit einem Schrei. Es war ein Mord, ausgeführt nach römischer Gerichtsmanier. Nach verbreiteter, sadduzäischer Auffassung war Jesu Tod ganz und vollständig. Dieses Ungute wandelt sich nach dem Tod in einem transzendentalen (göttlichen) Geheimnis zu etwas ganz Neuem, das sich als gut erweist. Darf nicht etwas Ähnliches für ungute Sterbeübergänge erhofft und erbeten werden?

Jedem Sterben ist auch Rätselvolles und Unlösbares beigegeben. Letztlich braucht jedes Sterben Gnade.

Vergebung schenken - Vergebung bekommen
Beispiel: Ein unglücklich verfasstes Testament gibt Anlass zu Tränen bei einer sterbenskranken Frau. Das Versinken in einen komatösen Zustand verhindert, das Problem real noch zu lösen. Der Ehepartner findet, dass das Testament am klügsten vernichtet wird. Die ganze Familie ist unglücklich. In einer kurzen Phase von Klarheit erbittet die Sterbende für sich und die Familie das Abendmahl. Das wird gefeiert. Frieden wurde geschlossen, ohne dass alle Fehler noch wörtlich genannt worden wären. Solche Symbolhandlungen wie das Abendmahl können durchaus friedensfördernd sein und Ängste abbauen. Jedes Sterben scheint Versöhnungs-, Verständigungs- und Friedensprozesse zu begünstigen. In dieser Hinsicht gibt es wohl kein Sterben und auch kein schweres Kranksein, das nicht Bedeutung hätte für ein ganzes Umfeld.

Trost
Hin und wieder trösten Sterbende ihre Nächsten.

(Geistiges) Testament
Beispiel: Eine zweijährige Tochter stürzt zu Tode. Nach vier Wochen spricht die Mutter einen eindrücklichen Gedanken aus: "Könnte es sein, dass dieses fröhliche Wesen vor allem *mich* lehren wollte, fröhlicher zu sein?" (Die Mutter selbst war eine fast zu ernste junge Frau. Sie selbst versuchte im Laufe der Zeit etwas davon im Rahmen ihrer Möglichkeiten zu verwirklichen.)

Freude
Beispiel: Eine liebenswürdige betagte Frau liegt im Sterben. Der seelsorgerliche Begleiter sitzt bei ihr. Nach langem Schweigen sagt die Sterbende: "Herr Pfarrer, Sterben ist schon das Langweiligste, das es gibt!" Ein herzliches Lachen breitete sich im Sterbezimmer aus. Das Fröhliche kann Sterben verwandeln.

Da wo Botschaften Sterbender nicht einengend, beengend gedeutet werden, ist weniger Gefahr der Missdeutung. Die Grundtendenz der Botschaften Sterbender ist weitend.

STERBENDE VERSTEHEN LERNEN: EINE NACHLESE

Christoph Morgenthaler

Ich solle aus meinem Erleben heraus am Schluss der Tagung einige Schlussfolgerungen formulieren. Dies ist der Auftrag, den ich übernommen habe. Was ich mir damit eingehandelt habe, merkte ich allerdings erst gestern gegen Abend so richtig: ich fühlte mich wie jene Katze, von der es gestern hiess, sie versteckte sich am liebsten und käme nicht mehr zum Vorschein. Und sechs Stunden später hatte ich dieses "Katzengefühl" immer noch und dachte: Ich habe diesen Auftrag wahrscheinlich doch ein wenig zu ernst genommen. Hätte ich doch einfach vorher meinen Vortrag geschrieben, mich durch nichts und niemanden davon abbringen lassen, dann könnte ich ihn jetzt sozusagen taufrisch ab PC vorlesen und dann möglichst schnell verschwinden. Ich liebe eine schöne, sauber vorbereitete Vorlesung, die ich ungestört vortragen kann. Und hier nun: ein ziemliches Durcheinander von Eindrücken, nicht einmal mehr nach dem "Konzept der Konzeptlosigkeit" geordnet, sondern schlicht und einfach ohne Konzept. Eindrücke, Fragen, Gedankensplitter, mehr oder weniger liebe und böse Gedanken, Halbverdautes, Angedachtes, nicht sehr appetitlich. Eigentlich unzumutbar.

Ich bin erst weitergekommen, als mir einfiel: Das gehört ja bereits zum Thema. Es wäre ja noch schöner, wenn es mir nicht den einen oder anderen vorher zurechtgeschmiedeten Gedankengang während dieser Tagung verjagt hätte! Das wäre ja eigenartig, geradezu verdächtig, wenn jetzt alles klar wäre. Du bist ja doch auch sonst nicht unbedingt der Meinung, dass es immer gut ist, allzu grosse Klarheit einreissen zu lassen. Gesetze, letzte Worte vor dem Enden einer Tagung. Nein, danke schön! Ein abschliessendes Referat? Die Tagung will doch offen sein für die Fortsetzung, die wir jetzt dann leben, wenn wir wieder heimgehen! Es ist besser, wenn ich dazu stehe: Was die Tagung gebracht hat, das kann ich jetzt hier nicht festschreiben, das wird sich erst noch weisen.

Und im Workshop zum Thema "Angstabwehr und Angstbereitschaft" heute morgen ist mir noch klarer geworden: Wie kann ich an dieser Tagung wirklich etwas lernen? Wie kann ich überhaupt im Blick auf ein Thema, das so angstbesetzt ist, etwas wirklich Wesentliches lernen? Das ist ja eigentlich der Anspruch des Titels der Tagung: "Sterbende verstehen lernen". Ich versuche eine Antwort:

- Indem ich die Kontrolle aufgebe, schon wissen zu müssen, was eigentlich wichtig ist;
- indem ich mir liebgewordene Gedanken, Gewohnheiten, Gefühle aufs Spiel setze und mich dem Chaos aussetze;
- indem ich darauf vertraue, dass dort, wo ich mich öffne, etwas auf mich zukommt, was trägt;
- indem ich in Gedanken zupacke und mich hingebe;
- indem ich die enorme Angst riskiere, die in mir dabei hochkommt.

Deshalb jetzt ganz sicher kein "abschliessendes" Referat! Ich hoffe, dass ich eher noch etwas aufschliessen kann.

Eindrücke

Meine Gedanken gehen zuerst noch einmal zurück. Sätze und Satzfragmente tauchen auf. Noch ungeordnet stellen sie sich wieder ein: *Ihre Beweglichkeit reduziert sich auf 2,2m² Bettfläche. - Ich habe eine Katze gesucht und einen Elefanten gefunden. - Loslassen, ohne aufzugeben. - Gratwanderung zwischen Überforderung und selbstge-*

wählter Herausforderung. - Die letzten Worte hat auch seine Frau nicht verstanden. - Ich lasse mich nicht manipulieren. - Räume öffnen sich, weil sich andere schliessen. - Es gibt ganz besonders farbige Blätter, die ich nie vergessen werde. - Vor meinem eigenen Tod ist mir nicht bange. Mit dem Tod der anderen muss ich leben. - Wie ist eigentlich der liebe Gott entstanden? - So Mühe sich unsere Professoren auch gaben, mit ihrem souveränen und komplizierten Geschwätz diese Realität zu vertuschen... - Sie werden schon die richtigen Worte finden. - Es darf auch geschmunzelt werden. - "Es Ching wo brüelet, wülls fasch wahnsinnig wird vor Schmärze." - Angst: beigebracht, gelernt, mit mir aus dem Mutterleib gekrochen. - Jemand, der stirbt, ist jemand, der seine Lebensuhr ticken hört.

Einige wenige Sätze nur aus all den hunderten und tausenden Sätzen, die an diesen Tagen gesagt wurden. Eine kleine Auswahl. Und doch: Schon sie lässt vieles anklingen. Meine eigene Reaktion auf diese Fülle von Aspekten:

Dankbarkeit

Ich bin dankbar für die Anregungen, Hinweise, Informationen; dankbar für alles, was ich gehört habe; dankbar für all die vielen, die sich hier geöffnet und die erzählt haben, auch wenn dies schmerzlich war; dankbar auch für alle, die etwas gesagt haben, auch wenn man manches kaum in

Worte fassen kann, das in einem anklingt; dankbar für die, die das Gesagte mit ihrem Hören und ihrer Aufmerksamkeit getragen haben.

Hoffnung

Man liest immer wieder: Das Sterben wird verdrängt. Unsere Gesellschaft drückt die Sterbenden an den Rand. Der Tod wird verschwiegen. Wer will behaupten, dass das nicht so ist? Allerdings: hier in diesen Tagen war es anders. Hier wurde das Thema öffentlich, hier zieht es Kreise. Und das ist ja nur dadurch möglich, dass hier Leute zusammenkommen, die in Netzwerken an ihren Lebens- und Arbeitsorten das Sterben nicht verdrängen und den Tod nicht verschweigen, und dass auch an dieser Tagung neue Netzwerke von Gedanken und Taten entstehen. Das gibt mir Mut und Hoffnung. Das gibt mir Mut, jetzt auch noch zu sprechen. Denn die Gedanken, die mich jetzt sozusagen als Sprecher auswählen, die haben auch Sie schon gefunden. Das sind nicht einfach meine Gedanken, sondern unsere Gedanken. Sie sind nur ein kleiner Teil eines Gedankenstroms, der weiterfliesst.

Geduld

Ich weiss auch, dass ich deshalb eigentlich warten kann, dass ich auch mit mir selber Geduld haben kann, bis sich aus dieser Erfahrung meine Schlussfolgerungen herauskristallisiert haben. Was ist eigentlich Bildung? Mein Klavierlehrer hat sie einmal folgendermassen umschrieben: Bildung ist wie ein Komposthaufen. Immer neu wirft man allerlei auf diesen Haufen. Brauchbar ist dies alles allerdings erst dann, wenn es soweit verrottet ist, dass man nicht mehr sieht, was es vorher gewesen ist. Soweit bin ich jetzt noch nicht. Noch liegt alles unverrottet aufeinander und durcheinander. Um doch etwas Ordnung zu machen, habe ich die verschiedenen Eindrücke in einigen "Körben" gesammelt und jeden mit einer "Etikette" versehen.

Der erste Korb:

Vom Offensichtlichen zum Abgründigen

Ich nehme das Stichwort des Titels auf: "Sterbende verstehen lernen". Mir ist deutlich geworden: Es gibt nur "Sterbende" in der Mehrzahl. Jeder stirbt einen anderen Tod. *Der* Sterbende ist ebenso wie *das* Sterben eine unerträgliche Vereinfachung. Es geht immer um das besondere Sterben eines besonderen Menschen in einem besonderen Beziehungsnetz an einem besonderen Ort zu einer besonderen Zeit. Dies ist eigentlich selbstverständlich, hat aber Folgen: Ein Sterbender ist nicht in erster Linie an irgendwelchen abstrakten Stell- und Regelgrössen zu messen. Ein Sterbender ist in erster Linie an sich selber zu messen, mit sich selber vergleichbar. Jeder Entscheid über Pflege, Begleitung, Schmerzbekämpfung, Seelsorge, Therapie (und die Beendigung einer Therapie) ist an der einzigartigen, individuellen Lebensgeschichte, Persönlichkeit und Situation eines Menschen auszurichten, nicht an abstrakten statistischen, finanziellen, medizinischen, pflegerischen, psychologischen oder theologischen Prinzipien. Immer rätselhafter und problematischer ist mir während dieser Tagung hingegen geworden, was "Sterben" heisst:

- Gewiss: Das Sterben - oder einiges am Sterben - kann man erklären. Aber kann man es verstehen?
- Kann man Sterben überhaupt vom Leben trennen? Ist es nicht eher so, wie der Philosoph de Montaigne sagte: "Jeder Tag geht zum Tod, der letzte kommt an."
- Und im Gegenzug: Sind Sterbende wirklich Sterbende? Sind sie nicht vor allem als solche zu betrachten, die bis zum letzten Moment *leben* wollen?
- Was heisst Sterben im heutigen gesellschaftlichen Umfeld?

Ich weiss nicht, ob Sie einen der "wüstesten" Fachausdrücke, die ich in letzter Zeit kennengelernt habe, auch kennen. Er stammt aus der Gerontologie und heisst: "Kompression der Morbidität". Menschen sterben - statistisch gesehen - immer älter und in immer kürzerer Zeit. Was bedeutet dies für unser Thema? Sterben geschieht in einem Umfeld. Haben wir dieses Umfeld weit genug abgesteckt? Wahrscheinlich müsste noch vieles zusätzlich ausgeleuchtet werden. "Kompression der Morbidität". Das heisst nicht nur: Es wird heute schneller gestorben. Das Schnell-Sterben, das Schneller-Sterben könnte auch zur Norm werden, zum Schneller-Sterben-Müssen. Nicht nur die Morbidität wird komprimiert, sondern die Sterbenden kommen zunehmend unter Druck. Wie lange willst Du noch sterben? Wieviel willst Du Deinen Angehörigen zumuten? Wieviel soll das kosten? Wieviel von unserem Erbe willst Du mit Deinem langen Sterben noch verjubeln? Wie lange willst Du die Versicherung noch belasten? Bereits haben die Krankenkassen berechnet, dass das schweizerische Gesundheitswesen saniert wäre, wenn jeder Schweizer und jede Schweizerin nur fünf Tage schneller sterben würde.

- Kann Sterben wirklich "schön" sein? Ist Sterben nicht immer Gewalt, Entsetzen, Zerbrechen, ausweglose Verenden?
- Was unterscheidet eigentlich - im Sterben - den Menschen vom Tier? Hat etwa Erich Fried recht, der schrieb: "Ein Hund, der stirbt, und der weiss, dass er stirbt, und der sagen kann, dass er weiss, dass er stirbt wie ein Hund, ist ein Mensch."

Und was bedeutet "verstehen" im Zusammenhang unserer Tagung? Ich fasse das, was ich sagen will, in vier Thesen zusammen:

Verstehen ist lebenswichtig und sterbens-notwendig.
Dazu brauche ich eigentlich nach diesen beiden Tagen nicht mehr viel zu sagen. Zusammenhänge sehen, Unter-, Neben- und Obertöne hören, die Körpersprache lesen, Symbole entschlüsseln, ahnen, was die Blätter bedeuten, die der Sturmwind vom Baum gefegt hat, Fragen stellen, die zu einem vertieften und kritischen Nachdenken über mich und die anderen führen, das ist lebenswichtig und sterbens-notwendig.

Verstehen ist schwierig.
Verstehen muss dem Unverständlichen immer wieder abgerungen, den eigenen Ängsten abgetrotzt werden. Was ich mir nicht vorstellen kann, muss ich mir im Verstehen "ein-bilden". Verstehen bringt das an den Tag, was vorher verborgen war und nun nach seinem Recht verlangt, und dieses Recht einzulösen, das ist nicht immer einfach.

Verstehen ist subversiv.
Einen sterbenden Menschen in seiner unvertretbaren Art zu verstehen ist eine Form von Widerstand, Widerstand gegen eine am "Fall" orientierte Medizin, Widerstand gegen eine am technisch Machbaren orientierte Pflege, Widerstand gegen eine an Psychotechnologie orientierte Psychotherapie, Widerstand gegen eine an allgemeinen Wahrheiten orientierte Theologie, Widerstand gegen eine an rationellen Abläufen orientierte Verwaltung,

Widerstand gegen alle Bürokraten des Sterbens. Denn: Verstehen braucht Zeit. Verstehen entschleunigt. Verstehen lässt sich nicht einfach machen. Verstehen heisst: Perspektivenwechsel, mich an die Stelle dessen setzen, der dann nicht mehr so leicht Gegenstand einer Behandlung, einer Begleitung oder Verkündigung wird, das Ganze aus seiner Sicht betrachten lernen und mich selber so ganz neu verstehen lernen.

Zuviel verstehen wollen bedeutet Gewalt.
"Die Wut des Verstehens": dies ist der Titel eines kleinen Büchleins, das mich beeindruckt hat[1]. Alles verstehen wollen, möglichst viel verstehen wollen, ist dies nicht eine totalitäre Vorstellung, auch einem Sterbenden gegenüber, eine Verleugnung unserer eigenen Grenzen, ein Übergriff? Darf ich einem durch das Sterben entblössten Menschen das Recht darauf absprechen, ein Mensch in seinem Widerspruch zu bleiben, bis ins Sterben hinein bockig, auch irgendwie unverständlich, ein Geheimnis, ja: ein Abgrund. Es könnte so ähnlich sein wie mit dem Reden. Wenn ich zuviel verstehen will, könnte auch das ein Verdrängen sein, ein Verdrängen des Sinnlosen, Unverständlichen, Schuldhaften, Schicksalshaften, das nie durch den Strahl des Verstehens geklärt werden kann.

Das letzte Gespräch mit einem Sterbenden, das ich geführt habe, war das Gespräch mit meinem Freund und Kollegen Christian. Er war gesund. Aber: ohne Arbeit; er sah keinen Sinn mehr im Leben; musste die Klinik verlassen, weil die Krankenkasse nicht mehr zahlte; konnte nicht mehr nach Hause. Ich versuchte zu verstehen. Wir haben uns verstanden. Ich hatte den Eindruck, er fühlte sich verstanden. Aber am Schluss schlug die Angst wieder über ihm zusammen. Erst im nachhinein habe ich gemerkt, dass wir diesmal keinen Termin festgelegt hatten, an dem wir uns wieder sehen würden. Ein paar Tage später hat er sich das Leben genommen. Verstehen?! Was gibt es da noch zu verstehen? Habe ich genug verstanden? Habe ich nur gemeint, ich verstünde? Und was heisst eigentlich Sterben? Sterben kann auch Töten heissen. Sich selber töten. Getötet werden von Reglementen. Getötet durchs Verstehen, das doch das Wesentliche nicht verstand.

Zweiter Korb: Paradoxes und Widersprüche

Schweigen oder Reden?

Ich habe in diesen Tagen folgendes Dilemma empfunden: Vom Sterben können wir eigentlich nie angemessen reden. Zum Sterben können wir nie auch einfach nur schweigen. Was hilft es, soviel ums Sterben herum zu reden? Wäre es nicht besser zu schweigen? Was bringt es, wenn wir verstummen? Ist es nicht viel besser zu reden?

Ich habe in diesen zwei Tagen beides gespürt: Reden hilft, entlastet, ermöglicht den Ausdruck von Schmerz, signalisiert Verständnis, und besser noch als einfach "reden" ist: erzählen *und* gehört werden, mitteilen *und* Anteilnahme erfahren. Dann habe ich aber auch gespürt: die Unzulänglichkeit der Worte; wie schwer es ist, gewisse Dinge zu sagen, anzusprechen, auszusprechen; wie ich mich über etwas hinwegreden kann; wie mein Reden das Reden eines Menschen ist, der bisher immer noch überlebt hat, die Spuren dieses geheimen Triumphes nicht ganz verbergen kann, der mir zugleich auch unheimlich ist.

Momente lang habe ich deshalb gedacht: Wäre das Schweigen eine Alternative? "Worüber man nicht reden kann, darüber soll man schweigen" (Wittgenstein). Schweigen: aus Respekt, weil es einem schlicht und einfach die Sprache verschlägt, als Ausdruck von Ratlosigkeit und Zeichen von Ehrlichkeit. Ja, manchmal ist Schweigen eine Alternative, Reden Silber, Hören Gold. Aber prinzipiell den Tod beschweigen, vor dem Tod verstummen - ist dies richtig? Würde das nicht heissen, dem Schweigen des Todes recht zu geben? Machen wir uns durch das Verstummen nicht dem Tod gleich?

Dann ist mir doch lieber das andere, frei nach dem Propheten Jesaja: Lasset uns essen und trinken, reden und diskutieren, erzählen und mitteilen, das Fest der Worte feiern, denn morgen sind wir tot.

Konzepte oder das Konzept der Konzeptlosigkeit.

Das Dilemma hat sich für mich gestern Nachmittag immer deutlicher abgezeichnet. Da waren auf der einen Seite: Konzepte, Schemen, Checklisten, Hellraumprojektorfolien. Ich habe gemerkt, wie ich in einem Tempo mitgeschrieben habe, mir da nichts entgehen lassen wollte. Konzepte entlasten, geben Halt und Orientierung, wo so vieles in Frage gestellt wird, sind ein Teil einer überlegten Professionalität. Das stimmt für mich. Und gleichzeitig habe ich gemerkt, wie mich das "Konzept der Konzeptlosigkeit" ebenfalls angesprochen hat. Das stimmt doch auch: dass Konzepte die Wirklichkeit verstellen können, dass es gut ist, sie zu haben, als hätte man sie nicht (um eine Formulierung von Paulus anklingen zu lassen), oder es so zu halten, wie der weise Nasruddin des Islam, der einmal sagte: "Wenn ich wüsste, was zwei und zwei wäre, würde ich sagen: vier!"

Gibt es eine Auflösung dieses Widerspruchs? Etwa so: ein Konzept, dass "Konzept" und "Konzept der Konzeptlosigkeit" zusammengehören, das eine ohne das andere zum Schematismus verkommt, das andere ohne das eine zur Ratlosigkeit?

Sterben = ein Entwicklungsprozess?!

Eine erste Antwort auf diese Frage drängt sich am Schluss der Tagung auf: Ja! Sterben *ist* ein Entwicklungsprozess.

- Sterben ist ein tiefgreifender Veränderungsprozess.
- Menschen verändern sich grundlegend durch die einschneidende Erfahrung des Loslassens.
- Im Sterben wird plötzlich möglich, was vorher während Jahren blockiert war.
- Es wäre nicht recht, Sterbenden das Recht auf eine Entwicklung und Veränderung in dieser Phase ihres Lebens abzusprechen.
- Es ist sinnvoll, möglichst vieles über Aspekte des Sterbeprozesses zu wissen, um Menschen auf dieser letzten Wegstrecke ihres Lebens besser begleiten zu können.

Sterben ein Entwicklungsprozess! Ja! Und zugleich auch: Sterben ein Entwicklungsprozess? Fragezeichen!

Ich habe eine Angst, die ich nicht loswerde, die auch an dieser Tagung einige Male angeklungen ist, sich aber auch nicht einfach so bestätigt hat. Gibt es nicht auch eine Kehrseite des grossen Aufbruchs, den Elisabeth Kübler-Ross eingeleitet hat. Gewiss: Wir wissen mehr über den Prozess des Sterbens. Aber wird dieses Wissen nicht manchmal zur Hilfskonstruktion, nämlich zur neuen geheimen Verpflichtung? Wird, wer sich im Sterben nicht phasengemäss entwickelt, wer nicht loslassen kann, wer sich nicht mit seinem Ende versöhnen kann, wer schweigt und sich nicht aussprechen mag, auf der letzten Schulbank, der Todesbank sozusagen, zum Versager? Wer hingegen ganz loslassen kann und in Frieden versöhnt stirbt, haben wir uns diesen Menschen nun zum Vorbild eines "successful dying" zu nehmen? Entsteht eine neue Form von Orthodoxie, eine Art "Orthothanasie", eine Lehre vom richtigen Sterben, nach der Sterbende sich gefälligst zu richten haben, wenn sie nicht exkommuniziert und subtil abgewertet werden wollen?

Wenn dem so wäre, dann möchte ich gerade als Theologe dagegen protestieren. Im Zentrum des christlichen Glaubens steht ein absolut unorthodoxer Tod: der Tod am Kreuz, der Tod eines Menschen, der an der Rechtgläubigkeit seiner Zeit gestorben ist. Ein absolut nicht erfolgreiches Sterben. Und Paulus hat gerade diesen Tod als Befreiung von jeder Form von Zwang gedeutet, als Befreiung von jeder Form von Leistung, als verborgenen Sieg einer Gnade, die uns geschenkt wird, gerade im Scheitern, gerade im Fragmentarischen, als Befreiung von jeder Form von Werkgerechtigkeit - und sei es die Werkgerechtigkeit eines richtigen Sterbens und einer tüchtig geleisteten Trauerarbeit.

Sterben, ein Entwicklungsprozess: ja *und* nein? Lässt sich auch diese Paradoxie auflösen? Ich weiss es nicht. Vielleicht so: Gerade dann, wenn sich nichts mehr verändern und entwickeln muss auf der letzten Strecke meines Lebens, kann sich etwas verändern; gerade dann, wenn ich darauf vertraue, dass alles letztlich Gnade ist, kann ich es wagen, noch ein unvollendetes Geschäft in Angriff zu nehmen.

Ein weiterer Korb trägt das Etikett **"Theologisches"**. Aber ich muss zugeben, da ist durch diese Tagung das grösste Durcheinander entstanden, da brauche ich mehr Zeit, um wieder Ordnung zu machen. Wahrscheinlich ist das Wesentliche, das ich als Theologe zu sagen habe, sowieso in den anderen Körben versteckt. Soll ich es überhaupt zusammensuchen, aussortieren? Ich möchte lieber etwas anderes: Theologe sein mitten im stammelnden, suchenden Reden und Fragen, das durch den Tod ausgelöst und immer neu in Frage gestellt wird.

Hier nur noch eines: In einem der Workshops hörte ich die Frage: Gibt es eine Gnade, auch wenn ich nicht an Gott glauben kann? Meine Antwort: Ja! Sonst wäre Gnade nicht Gnade.

Der letzte Korb: Eine Trouvaille

Sterbende verstehen lernen. Da geht es nicht nur um Pflege, Begleitung, Therapie, Seelsorge. Das auch. Aber es geht noch um etwas anderes. Um einen grundlegenden Perspektivenwechsel im Blick auf Sterben und Tod: Es geht darum, zuerst das Sterben eines anderen Menschen zu verstehen, und nicht mein eigenes Sterben. Es geht darum, vielleicht gerade erst mein eigenes Sterben besser verstehen zu lernen, indem ich einen anderen Menschen verstehen lerne.

Es gibt eine lange Tradition in der europäischen Kulturgeschichte, in der das "memento mori" vor allem hiess: Bedenke Dein eigenes Sterben! Werde klug dadurch, dass Du Dich Deinem persönlichen, Deinem eigenen Sterben stellst, dadurch dass Du Dein Leben als ein Vorlaufen zum Tod verstehst, dadurch dass Du begreifst: heute ist der erste Tag des Restes Deines Lebens.

Sterbende verstehen: da ist die Blickrichtung anders gewählt. Der andere steht im Zentrum, nicht die Tatsache, dass auch ich einmal sterben werde, sondern die Tatsache, dass da ein anderer stirbt. Ich werde gerade in der Begegnung mit einem Sterbenden meine eigene Sterblichkeit einen Moment lang los, wenn ich ganz dasein kann. Der jüdische Philosoph Emmanuel Lévinas sagt dasselbe in seinen Worten ähnlich[2]: Nicht dass ich mir meine eigene Sterblichkeit immer wieder neu vor Augen führe, begründet meine Unvertretbarkeit und Einmaligkeit. Die Erfahrung, dass ein anderer stirbt, begründet meine Einmaligkeit und Unvertretbarkeit - ihm gegenüber. In seiner Anwesenheit werde ich mein eigenes Sein-zum-Tode los! Das Denken an den Tod enthält tödliche, tötende Momente, solange ich nicht eine egoistische Perspektive überwinde. Beim Tod nur an meinen Tod zu denken, wiederholt die Gewalt der Selbstdurchsetzung, welche die anderen bestenfalls für gleichgültig erklärt. Beim Tod zuerst an den Tod des anderen zu denken und diesen Tod nicht zu wollen, befreit. Sterbende verstehen wollen - darin, in diesem Blickwinkel, in dieser Verschiebung der Perspektive von meinem Sterben weg, liegt tatsächlich etwas Befreiendes. Heute ist der erste Tag des Rests im Leben Deines Nächsten!

Noch etwas zum Abschluss

Beim Ankommen in Winterthur sah ich in der Stadthausstrasse einen behinderten Mann. Er hatte zwei Krücken. Er spielte mit einem weissen Ball und jonglierte diesen weissen Ball mit seinen zwei Krücken. Ich musste zweimal hinschauen. Der Ball flog nicht weg, der Mann fiel nicht um.

Sterbende verstehen lernen? Ein bisschen und immer mehr ist mir dies so vorgekommen: als Behinderte, vielfach Behinderte, mit den zwei Krücken unseres Verstehens und unseres Daseins, etwas lernen, was auf den ersten Blick fast unmöglich scheint. Und doch ist es möglich! Sie glauben es nicht, wenn ich dies sage? Ich habe es mit meinen eigenen Augen gesehen, mit meinen Ohren gehört. Der Ball flog nicht fort, der Mann fiel nicht um. Aber vielleicht braucht es auch dafür nicht nur Ausdauer, sondern Gnade.

Anmerkungen

[1] Hörisch J., Die Wut des Verstehens, Zur Kritik der Hermeneutik, Suhrkamp, Frankfurt/M. 1988

[2] Ich verdanke hier wichtige Anregungen auch Luther H.: Tod und Praxis. Die Toten als Herausforderung kirchlichen Handelns, Zeitschrift für Theologie und Kirche 88/1991, S. 407-426

AUTORENVERZEICHNIS

Aemissegger Urs
Facharzt für Allgemeine Medizin FMH
Schlossbergstr. 3, 8408 Winterthur

Bachmann-Mettler Irène
Pflegeexpertin, Erwachsenenbildnerin
Dufourstr. 61, 9000 St. Gallen

Fässler-Weibel Peter
Paar- und Familientherapeut
Zielstr. 5, 8400 Winterthur

Fiebig Helge
Pfarrer
Engelstr. 4, 8406 Winterthur

Grob Peter
Dr. med. Internist und Psychosomatiker
Fluhmattweg 4, 6004 Luzern

Gyger-Stauber Käthy
Krankenschwester, Familientherapeutin i.A.
Bodenwis 33, 8493 Saland

Kunz Roland
Dr. med. (Allg. Medizin FMH)
Stadlerstr. 164, 8404 Winterthur

Marti-Suter Beatrice
Krankenschwester
Bettenstr. 24, 8400 Winterthur

Morgenthaler Christoph
Prof. Dr. theol.
Lindenweg 4, 3074 Muri bei Bern

Pampaluchi-Wick Joseline
Psychologin/Psychotherapeutin
Langwiesstr. 3A, 8444 Henggart

Richner-Zolliker Verena
Dr. med. FMH
Joh. Beuggerstr. 109, 8408 Winterthur

Wunderli-Jungi Alexander
Spitalseelsorger
Universitätsspital Zürich, 8006 Zürich

Stiftung Begleitung in Leid und Trauer
Zielstr. 5, CH-8400 Winterthur

Zweck der Stiftung:
Die Stiftung fördert und unterstützt die Begleitung von Angehörigen Kranker, Sterbender und Verstorbener, insbesondere durch:

- Einsatz einer Fach- und Beratungsstelle zur Betreuung, Begleitung und Hilfe für direkt Betroffene;
- Koordination und Kooperation mit anderen Beratungs- und Fachstellen, insbesondere mit allen seelsorgerlichen Diensten;
- Ausbildung von freiwilligen Helfern zur Übernahme von Betreuungs- und Begleitaufgaben;
- Öffentlichkeitsarbeit über die adäquate Begleitung der Angehörigen Kranker, Sterbender und Verstorbener.

Auftrag der Fach- und Beratungsstelle:

- Beratung/Therapie von direkt Betroffenen in den Phasen vor dem Sterben, während des Sterbens und nach dem Tod;
- Ausbildung von Personal in Kliniken oder Heimen und von freiwilligen Helfern/-innen in Kirchgemeinden und Pfarreien;
- Durchführung von berufsspezifischen Fortbildungskursen für Gemeindeschwestern, Ärzte, Seelsorger, Pflegepersonal, Sozialdienste, Interessierte;
- Mit gezielter Öffentlichkeitsarbeit soll auf die Problematik aufmerksam gemacht und viele Interessierte sensibilisiert werden (Publikationen, Vorträge, Kurse, Seminare usw.)

Peter Fässler-Weibel (Hrsg.)

Gelebte Trauer

Vom Umgang mit Angehörigen
bei Sterben und Tod

158 Seiten, broschiert
Fr. 28.--/ DM 33.--/ ÖS 241.--
ISBN 3-7228-0274-1

Die Angehörigen werden im Prozess des Sterbens eines Familienmitgliedes oft vernachlässigt und allein gelassen. Daher soll der Leser in die Lage versetzt werden, diesen in der wohl schwersten Situation ihres Lebens angemessener zu begegnen und hilfreicher zur Seite zu stehen.

Berichte von Betroffenen sowie Beobachtungen von Ärzten, Seelsorgern und Therapeuten machen dieses Buch zu einem interdisziplinären Forum und helfen mit, die Diskussion um die Betreuung von Angehörigen konkreter, lebendiger und ganzheitlicher zu führen.

Paulusverlag Freiburg Schweiz

Peter Fässler-Weibel (Hrsg.)

Wenn Kinder sterben

286 Seiten, broschiert
Fr. 35.--/ DM 39.80/ ÖS 291.--
ISBN 3-7228-0307-1 (Paulus)
ISBN 3-909245-02-1 (Zum Ziel)

Wohl kaum ein anderes Ereignis trifft den Menschen mit so brutaler Wucht wie das Sterben eines nahestehenden Kindes. Ein solcher Tod macht die Betroffenen ohnmächtig, verzweifelt und hilflos. Gross ist die Not der Eltern, Geschwister, Freunde und Bekannten. Ebenso gross ist auch die Not jener, die beruflich mit sterbenden Kindern und deren Angehörigen zu tun haben.

Hier bietet der vorliegende Band eine notwendige Hilfe. Unmittelbar oder beruflich Betroffene sprechen von ihren ganz persönlichen Erfahrungen. So fördern sie das Gespräch zwischen allen Beteiligten und eröffnen befreiende Wege aus der Isolation und Hilflosigkeit.

Paulusverlag Freiburg Schweiz
Verlag zum Ziel Winterthur

Peter Fässler-Weibel (Hrsg.)

Wenn Eltern sterben

237 Seiten, broschiert
Fr. 33.--/ DM 39.80/ ÖS 291.--
ISBN 3-7228-0358-6 (Paulus)
ISBN 3-9009245-09-9 (Zum Ziel)

Das Sterben von Vater oder Mutter ist auch heute noch ein Thema, das aus Unsicherheit und Angst verdrängt und vermieden wird. Tritt dann ein solcher Tod ein, löst er oft ungeahnte Reaktionen aus: Geschwister streiten sich um die Erbschaft, Beziehungen innerhalb der Herkunftsfamilien werden abgebrochen, und zurück bleiben Ohnmacht, Wut, Trauer, Schuldgefühle - aber auch unausgesprochene Gefühle des Dankes.

Der Band enttabuisiert diese heiklen Fragen und stellt sich der Vielfalt des Themas. Dazu berichten unmittelbar und beruflich Betroffene von ihren persönlichen Erfahrungen. Sie eröffnen damit neue Möglichkeiten positiver Trauerarbeit und gangbare Wege zu einer fruchtbaren Auseinandersetzung zwischen sterbenden Eltern und ihren Söhnen und Töchtern.

Paulusverlag Freiburg Schweiz
Verlag zum Ziel Winterthur

Peter Fässler-Weibel

Der pädiatrische Notfall:

Eltern begegnen, die soeben ihr Kind verloren haben

96 Seiten, broschiert
SFr. 12.--/ DM 13.80/ ÖS 101.--
ISBN 3-909245-11-0

Gibt es etwas Ohnmächtigeres, Hilfloseres, etwas Schwierigeres als die Begegnung mit Eltern, die zu realisieren beginnen, dass ihr Kind soeben gestorben ist? Natürlich ist jeder unerwartete Todesfall schockierend, löst Angst und Trauer aus und immobilisiert die direkt Betroffenen. Wichtig ist indes, konstruktiv auf die Eltern zuzugehen, sie nicht zu entmündigen und sie zu animieren, ihre Gefühle zuzulassen, die Wünsche und Bedürfnisse zu formulieren sowie mögliche Wege einer konstruktiven Begegnung zu suchen.

Verlag zum Ziel Winterthur

Beim Verlag zum Ziel, Winterthur, sind ausserdem folgende Titel erschienen:

- *Fässler-Weibel Peter*
  Mut zum Ehealltag
  ISBN 3-909245-07-2 (SFr. 19.80/ DM 22.80/ ÖS 166.--)

- *Fässler-Weibel Peter*
  Hilfen für ein Leben zu zweit
  ISBN 3-909245-08-0 (SFr. 16.80/ 19.80/ ÖS 145.--)

- *Fässler-Weibel Peter/Meyer Anita*
  Pension - Aufbruch zu neuen Horizonten
  ISBN 3-909245-05-6 Ordner (SFr. 180.--)
  ISBN 3-909245-10-2 Hörbild - Ordner, Dias, Kassette, Textheft (SFr. 420.--)

- *Spoerri Theophil*
  Geschichten vom Übergang
  ISBN 3-909245-03-X (SFr. 24.80/ DM 29.--/ ÖS 212.--)

- *Lehmann-Buri Madeleine*
  Joachim -
  Die lange Geschichte eines kurzen Lebens
  ISBN 3-909245-06-4 (SFr. 28.--/ DM 33.--/ ÖS 241.--)

- *Jehle Franz*
  Leiden verstehen lernen
  ISBN 3-909245-04-8 (SFr. 20.--/ DM 24.--/ ÖS 175.--)